COMMENTAIRE

DE LA LOI DU 17-23 JUILLET 1856

SUR LES

SOCIÉTÉS EN COMMANDITE PAR ACTIONS

SUIVI

DE LA LÉGISLATION SUR LES SOCIÉTÉS CIVILES ET COMMERCIALES

PAR

Louis TRIPIER

AVOCAT A LA COUR IMPÉRIALE DE PARIS,
DOCTEUR EN DROIT,

Auteur du CODE POLITIQUE ET CONSTITUTIONNEL DE L'EMPIRE FRANÇAIS, précédé de toutes les Constitutions qui ont régi la France depuis 1789, conférées entre elles et annotées;
Des *Codes français*, annotés de tous les textes du droit *ancien*, *intermédiaire* et *nouveau*, indispensables à connaître pour leur intelligence, etc.

PARIS,
LIBRAIRIE DE MADAME MAYER-ODIN,
PLACE DAUPHINE, 24.

1856

COMMENTAIRE

DE LA LOI DU 17-23 JUILLET 1856

SUR LES

SOCIÉTÉS EN COMMANDITE PAR ACTIONS.

Paris. — Imprimé par E. Thunot et Ce, 26, rue Racine.

COMMENTAIRE

DE LA LOI DU 17-23 JUILLET 1856

SUR LES

SOCIÉTÉS EN COMMANDITE PAR ACTIONS

SUIVI

DE LA LÉGISLATION SUR LES SOCIÉTÉS CIVILES ET COMMERCIALES

PAR

Louis TRIPIER

AVOCAT A LA COUR IMPÉRIALE DE PARIS,
DOCTEUR EN DROIT,

Auteur du Code politique et constitutionnel de l'empire français, précédé de toutes les Constitutions qui ont régi la France depuis 1789, conférées entre elles et annotées;
Des *Codes français*, annotés de tous les textes du droit *ancien*, *intermédiaire* et *nouveau*, indispensables à connaître pour leur intelligence, etc.

PARIS,
LIBRAIRIE DE MADAME MAYER-ODIN,
PLACE DAUPHINE, 24.

1856

Pendant plusieurs années, le meilleur commentaire d'une loi nouvelle doit se tirer, uniquement, de son exposé des motifs, du rapport et de sa discussion au Corps législatif. Cette vérité, généralement reconnue par tous les jurisconsultes, a été récemment proclamée, à l'envi, par les plus éminents d'entre eux, au sujet de la loi du 23 mars 1855, sur la transcription. C'est, en effet, par l'étude approfondie des différentes sources de la loi que l'on peut bien se pénétrer de son esprit et être à même de résoudre toutes les difficultés qui peuvent se présenter dans la pratique.

Pour que ce travail soit complet et, en même temps, pour conserver à chacun des différents documents son unité et toute sa valeur, j'ai rapporté, dans leur entier, et, par ordre de date, d'abord l'exposé des motifs, ensuite le rapport et la discussion au

Corps législatif. J'ai fait précéder le tout d'une seule série de numéros et, à la fin de chaque article de la loi, je renvoie aux numéros, tant de l'exposé des motifs que du rapport et de la discussion au Corps législatif qui y ont trait. Cette marche, qui est des plus simples et des plus commodes, donne, de la loi, un commentaire aussi satisfaisant que possible.

LOI DU 17-23 JUILLET 1856

SUR LES SOCIÉTÉS EN COMMANDITE PAR ACTIONS (1).

ART. 1er. *Les sociétés en commandite ne peuvent diviser leur capital en actions ou coupons d'actions de moins de cent francs, lorsque ce capital n'excède pas deux cent mille francs, et de moins de cinq cents francs lorsqu'il est supérieur.*

Elles ne peuvent être définitivement constituées qu'après la souscription de la totalité du capital social, et le versement par chaque actionnaire du quart au moins du montant des actions par lui souscrites.

Cette souscription et ces versements sont constatés par une déclaration du gérant dans un acte notarié ;

A cette déclaration sont annexés la liste des souscripteurs, l'état des versements faits pas eux, et l'acte de société.

Voyez les nos 12, 14 à 19, 47, 94 à 105, 118 à 126, 183, 193, 201, 203, 118 à 126, 212, 214, 220, 221, 223, 232.

2. Les actions des sociétés en commandite sont nominatives jusqu'à leur entière libération.

Voyez les nos 19, 105 à 110, 184, 212 à 215, 230, 233 à 237.

(1) Les parties imprimées en *lettres italiques* dans le corps des articles indiquent les modifications, changements et additions, qui ont été introduits dans le projet (rapporté page 13) et qui, après avoir été adoptés par la commission du Corps législatif et le conseil d'État, ont passé dans la loi.

Nota. Sur l'utilité et l'opportunité de la loi, *voyez* les nos 1 à 14, 58 à 94, 173 à 179, 182, 188 à 192, 195 à 204, 209, 210, 211, 217 à 220, 228, 229.

3. Les souscripteurs d'actions dans les sociétés en commandite sont, *nonobstant toute stipulation contraire*, responsables du payement du montant total des actions par eux souscrites.

Les actions ou coupons d'actions ne sont négociables qu'après le versement des deux cinquièmes.

Voyez les n°s 20, 21, 110 à 114, 204, 205, 221 à 224, 236.

4. Lorsqu'un associé fait, dans une société en commandite par actions, un apport qui ne consiste pas en numéraire, ou stipule à son profit des avantages particuliers, l'assemblée générale des actionnaires en fait vérifier et apprécier la valeur.

La société n'est définitivement constituée qu'après approbation dans une réunion ultérieure de l'assemblée générale.

Les délibérations sont prises par la majorité des actionnaires présents. Cette majorité doit comprendre le quart des actionnaires et représenter le quart du capital social en numéraire.

Les associés qui ont fait l'apport ou stipulé les avantages soumis à l'appréciation de l'assemblée n'ont pas voix délibérative (1).

Voyez les n°s 36 à 46, 126 à 143, 202, 215, 224 à 228, 237 à 244.

5. Un conseil de surveillance, composé de cinq actionnaires au moins, est établi dans chaque société en commandite par actions.

Ce conseil est nommé par l'assemblée générale des actionnaires immédiatement après la constitution définitive de la société, et avant toute opération sociale.

Il est soumis à la réélection tous les cinq ans au moins : *toutefois, le premier conseil n'est nommé que pour une année.*

Voyez la note ci-dessous. Voyez aussi les n°s 22 à 25, 207, 143 à 152, 244.

(1) Cet article 4 se réfère à l'article 7 du projet de loi et par suite les articles 4, 5 et 6 du projet de loi sont devenus les articles 5, 6 et 7 de la loi. Cette remarque est importante pour bien comprendre l'exposé des motifs.

6. Est nulle et de nul effet, à l'égard des intéressés, toute société en commandite par actions constituée contrairement à l'une des prescriptions énoncées dans les articles qui précèdent.

Cette nullité ne peut être opposée aux tiers par les associés.

Voyez la note 1 (p. 8). Voyez aussi les n°s 29, 30, 153, 154, 244.

7. Lorsque la société est annulée aux termes de l'article précédent, les membres du conseil de surveillance peuvent être déclarés responsables, solidairement et par corps avec les gérants, de toutes les opérations faites postérieurement à leur nomination.

La même responsabilité solidaire peut être prononcée contre ceux des fondateurs de la société qui ont fait un apport en nature, ou au profit desquels ont été stipulés des avantages particuliers.

Voyez la note 1, (p. 8). Voyez aussi les n°s 31 à 36, 185 à 190, 245 à 251.

8. Les membres du conseil de surveillance *vérifient* les livres, la caisse, le portefeuille et les valeurs de la société.

Ils font, chaque année, un rapport à l'assemblée générale sur les inventaires et sur les propositions de distribution de dividendes faites par le gérant.

Voyez les n°s 25 à 28, 152, 192, 206 à 209, 216, 251 à 254.

9. Le conseil de surveillance peut convoquer l'assemblée générale. Il peut aussi provoquer la dissolution de la société.

Voyez les n°s 25 à 28, 216, 253.

10. *Tout membre d'un* conseil de surveillance est responsable, avec les gérants solidairement et par corps :

1° Lorsque, sciemment, il a laissé commettre dans les inventaires des inexactitudes graves, préjudiciables à la société ou aux tiers;

2° Lorsqu'il a, en connaissance de cause, consenti à la distribution de dividendes non justifiés par des inventaires sincères et réguliers.

Voyez les nos 46, 59 à 65, 155 à 166, 185 à 190, 192, 208, 216, 245 à 251, 253.

11. L'émission d'actions ou de coupons d'actions d'une société constituée contrairement aux articles 1 et 2 de la présente loi, est punie d'un emprisonnement de huit jours à six mois, et d'une amende de cinq cents francs à dix mille francs, ou de l'une de ces peines seulement.

Est puni des mêmes peines, le gérant qui commence les opérations sociales avant l'entrée en fonctions du conseil de surveillance.

Voyez les nos 114 à 118, 253.

12. La négociation d'actions ou de coupons d'actions dont la valeur ou la forme serait contraire aux dispositions des articles 1 et 2 de la présente loi, ou pour lesquels le versement des deux cinquièmes n'aurait pas été effectué conformément à l'article 3, est punie d'une amende de cinq cents francs à dix mille francs.

Sont punies de la même peine toute participation à ces négociations et toute publication de la valeur des dites actions.

Voyez les nos 114 à 118, 254 à 257.

13. *Sont punis des peines portées par l'article 405 du Code pénal, sans préjudice de l'application de cet article à tous les faits constitutifs du délit d'escroquerie:*

1° *Ceux qui, par simulation de souscriptions ou de versements ou par la publication faite de mauvaise foi de souscriptions ou de versements qui n'existent pas, ou de tous autres faits faux, ont obtenu ou tenté d'obtenir des souscriptions ou des versements ;*

2° *Ceux qui, pour provoquer des souscriptions ou des versements, ont, de mauvaise foi, publié les noms de personnes dé-*

signées contrairement à la vérité, comme étant ou devant être attachées à la société à un titre quelconque;

3° *Les gérants, qui, en l'absence d'inventaires ou au moyen d'inventaires frauduleux, ont opéré entre les actionnaires la répartition de dividendes non réellement acquis à la société.*

L'article 463 du Code pénal est applicable aux faits prévus par le présent article (1).

Voyez les nos 170 à 173, 256.

14. Lorsque les actionnaires d'une société en commandite par actions ont à soutenir collectivement et dans un intérêt commun, comme demandeurs ou comme défendeurs, un procès contre les gérants ou contre les membres du conseil de surveillance, ils sont représentés par des commissaires nommés en assemblée générale.

Lorsque quelques actionnaires seulement sont engagés comme demandeurs ou comme défendeurs dans la contestation, les commissaires sont nommés dans une assemblée spéciale composée des actionnaires parties au procès.

Dans le cas où un obstacle quelconque empêcherait la nomination des commissaires par l'assemblée générale ou par l'assemblée spéciale, il y sera pourvu par le tribunal de commerce, sur la requête de la partie la plus diligente.

Nonobstant la nomination des commissaires, chaque actionnaire a le droit d'intervenir personnellement dans l'instance, à la charge de supporter les frais de son intervention.

Voyez les nos 57, 173, 256.

15. Les sociétés en commandite par actions actuellement existantes, *et qui n'ont pas de conseil de surveillance*, sont tenues, dans le délai de six mois à partir de la promulgation de la présente loi, de constituer un conseil de surveillance.

(1) L'article 13 du projet de loi a été supprimé et la commission du Corps législatif, d'accord avec le conseil d'État, y a substitué ce nouvel article.

Ce conseil est nommé conformément aux dispositions de l'article 5.

Les conseils déjà existants et ceux qui sont nommés en exécution du présent article, *exercent* les droits et *remplissent* les obligations déterminées par les articles 8 et 9 ; ils sont soumis à la responsabilité prévue par l'article 10.

A défaut de constitution du conseil de surveillance dans le délai ci-dessus fixé, chaque actionnaire a le droit de faire prononcer la dissolution de la société. *Néanmoins*, *un nouveau délai peut être accordé par les tribunaux*, *à raison des circonstances.*

L'article 14 est également applicable aux sociétés actuellement existantes.

Voyez les n°s 54 à 57, 166 à 170, 256.

PROJET DE LOI

SUR LES SOCIÉTÉS EN COMMANDITE PAR ACTIONS (1)

présenté au Corps législatif le 28 mai 1856.

Art. 1er. Les sociétés en commandite ne peuvent diviser leur capital en actions ou coupons d'action inférieurs à 100 fr., lorsque ce capital n'excède pas 200,000 fr., et à 500 fr. lorsqu'il est supérieur.

Elles ne peuvent être définitivement constituées qu'après la réalisation, entre les mains des gérants, du quart au moins de la partie du capital social qui consiste en numéraire.

Cette réalisation doit être constatée par acte notarié.

2. Les actions des sociétés en commandite sont nominatives jusqu'à leur entière libération.

3. Les souscripteurs d'actions dans les sociétés en commandite sont responsables du payement du montant total des actions par eux souscrites. Il ne peut être dérogé à cette prescription que jusqu'à concurrence de moitié de chaque action.

Les actions ou coupons d'action ne sont négociables qu'après le versement des deux cinquièmes.

4. Un conseil de surveillance, composé de cinq actionnaires au moins, est établi dans chaque société en commandite par actions.

(1) Les commissaires du gouvernement chargés de soutenir la discussion de ce projet de loi devant le Corps législatif et le Sénat étaient MM. Vuillefroy, président de section, Duvergier, conseiller d'État, rapporteur.

Ce conseil est nommé par l'assemblée générale des actionnaires immédiatement après la constitution définitive de la société, et avant toute opération sociale. — *Voyez* page 8, note 1.

Il est soumis à la réélection tous les cinq ans au moins.

5. Est nulle et de nul effet à l'égard des intéressés, toute société en commandite par actions constituée contrairement à l'une des prescriptions énoncées dans les articles qui précèdent.

Cette nullité ne peut être opposée aux tiers par les associés. — *Voyez* page 8, note 1.

6. Lorsque la société est annulée aux termes de l'article précédent, les membres du conseil de surveillance peuvent être déclarés responsables, solidairement et par corps avec les gérants, de toutes les opérations faites postérieurement à leur nomination.

La même responsabilité solidaire peut être prononcée contre ceux des fondateurs de la société qui ont fait un apport en nature, ou au profit desquels ont été stipulés des avantages particuliers. — *Voyez* page 8, note 1.

7. Lorsqu'un associé a fait, dans une société en commandite par actions, un apport dont la valeur réelle était inférieure de plus de moitié à la valeur pour laquelle il a été mis dans la société, tout intéressé peut demander, contre celui qui a fait l'apport, la réparation du dommage à lui causé par l'exagération de cet apport, sans préjudice de toute autre action pour fait de dol.

Le gérant qui a accepté l'apport peut être déclaré solidairement responsable du montant des condamnations prononcées.

La demande n'est plus recevable après l'expiration de deux années à compter de la publication de la société — *Voyez* page 8, note 1.

8. Les membres du conseil de surveillance ont le droit de vérifier les livres, la caisse, le portefeuille et les valeurs de la société.

Ils surveillent les inventaires et s'opposent à ce qu'il soit distribué des dividendes fictifs.

9. Le conseil de surveillance peut convoquer l'assemblée générale. Il peut aussi provoquer la dissolution de la société.

10. Les membres du conseil de surveillance sont responsables, solidairement et par corps, avec les gérants :

1° Lorsque, sciemment, ils ont laissé commettre dans les inventaires des inexactitudes graves, préjudiciables à la société ou aux tiers ;

2° Lorsqu'ils ont, en connaissance de cause, consenti à la distribution de dividendes non justifiés par inventaires sincères et réguliers.

11. L'émission d'actions ou de coupons d'action d'une société constituée contrairement aux articles 1 et 2 de la présente loi, est punie d'un emprisonnement de huit jours à six mois, et d'une amende de 500 francs à 10,000 francs, ou de l'une de ces peines seulement.

Est puni des mêmes peines, le gérant qui commence les opérations sociales avant l'entrée en fonctions du conseil de surveillance.

12. La négociation d'actions ou de coupons d'actions dont la valeur ou la forme serait contraire aux dispositions des articles 1 et 2 de la présente loi, ou pour lesquels le versement des deux cinquièmes n'aurait pas été effectué conformément à l'article 3, est punie d'une amende de cinq cents fr. à dix mille fr.

Toute publication quelconque de la valeur de ces actions est punie des mêmes peines.

13. Tout agent de change qui prête son ministère à l'un des faits prévus par les deux articles précédents, est puni des peines prononcées par l'article 13 de la loi du 15 juillet 1845. — *Voyez* page 8, note 1.

14. Lorsque les actionnaires d'une société en commandite par action ont à soutenir collectivement et dans un intérêt commun, comme demandeurs ou comme défendeurs, un pro-

cès contre les gérants ou contre les membres du conseil de surveillance, ils sont représentés par des commissaires nommés en assemblée générale.

Lorsque quelques actionnaires seulement sont engagés comme demandeurs ou comme défendeurs dans la contestation, les commissaires sont nommés dans une assemblée spéciale composée des actionnaires parties au procès.

Dans le cas où un obstacle quelconque empêcherait la nomination des commissaires par l'assemblée générale ou par l'assemblée spéciale, il y sera pourvu par le tribunal de commerce, sur la requête de la partie la plus diligente.

Nonobstant la nomination des commissaires, chaque actionnaire a le droit d'intervenir personnellement dans l'instance, à la charge de supporter les frais de son intervention.

15. Les sociétés en commandite par actions actuellement existantes sont tenues, dans le délai de six mois à partir de la promulgation de la présente loi, de constituer un conseil de surveillance.

Ce conseil est nommé conformément aux dispositions de l'article 4.

Il exerce les droits et remplit les obligations déterminés par les articles 8 et 9; il est soumis à la responsabilité prévue par l'article 10.

A défaut de constitution d'un conseil de surveillance dans le délai ci-dessus fixé, chaque actionnaire a le droit de faire prononcer la dissolution de la société.

L'article 14 est également applicable aux sociétés actuellement existantes.

EXPOSÉ DES MOTIFS.

Messieurs,

1. La société en commandite offre une des plus ingénieuses et des plus utiles applications du principe d'association.

Elle réunit à la plupart des avantages de la société anonyme, presque tous ceux de la société en nom collectif ;

Elle engage les capitaux des commanditaires, sans compromettre leur personne ; en cela elle participe de la société anonyme ; d'un autre côté, le pouvoir qui la dirige est centralisé comme dans la société en nom collectif ; il a par conséquent la force et la liberté d'action si essentielle au succès des opérations industrielles et commerciales.

2. La division du capital social en actions au porteur a beaucoup contribué à rendre les sociétés en commandite populaires. Des titres qui peuvent être négociés sans frais, sans lenteurs, sans formalités, sans responsabilité, ont un attrait tout particulier, et par cela même un surcroît réel de valeur.

3. Ces différentes causes ont donné à l'établissement des sociétés en commandite par actions une impulsion dont il n'y aurait qu'à se féliciter, si elle avait toujours été accompagnée de prudence, de modération et de loyauté.

4. Malheureusement, les actionnaires se sont laissé séduire par les plus folles espérances, et sont tombés dans les plus extravagantes exagérations. La mauvaise foi a compris tout ce qu'elle pouvait tirer de cette disposition des esprits ; elle a, par les assertions mensongères des prospectus, fait croire à des bénéfices impossibles ; elle a paru donner des garanties de crédit et de moralité en se plaçant sous le patronage nominal

de personnes honorables; elle a, en exagérant la valeur de l'apport social, absorbé en grande partie dans l'intérêt des fondateurs les capitaux fournis par les commanditaires; elle a trouvé dans le mécanisme même de la commandite, dans la forme des actions, des moyens de réaliser des avantages illicites, entièrement indépendants du succès des opérations sociales.

5. En 1838, le mal avait fait de tels progrès, que le gouvernement sentit la nécessité de prendre des mesures énergiques. Une loi fut présentée, qui prohibait d'une manière absolue les sociétés en commandite par actions. Une commission nommée dans le sein de la chambre des députés, et composée d'hommes dont les lumières, l'expérience et le caractère offraient les plus complètes garanties, se livra à une étude approfondie du projet. Après deux mois d'examen, elle déposa un rapport qui, en repoussant le système absolu du gouvernement, présentait un ensemble de dispositions partant des mêmes principes et tendant au même but.

6. Le terme de la session était très-rapproché, la discussion ne put commencer; l'attention fut, dans la session suivante, attirée vers d'autres objets, et le projet fut oublié. il est vrai de dire que le public, éclairé par le scandale de certaines entreprises et par l'éclat de quelques débats judiciaires, se montra moins facile et moins crédule. Ce serait cependant une grave erreur de penser qu'il n'y eut plus de manœuvres coupables et de commandites organisées par la fraude; seulement les spéculations dolosives devinrent moins hardies, et les actionnaires plus circonspects.

7. Lorsque, par l'effet des troubles civils et des agitations politiques, l'essor de l'industrie et la confiance des capitaux se trouvaient comprimés; comme personne ne songeait à former des sociétés sérieuses et honnêtes, personne ne pouvait espérer le succès de sociétés conçues dans des vues criminelles. Mais lorsque, l'ordre étant rétabli dans le pays et la sécurité rendue aux esprits, l'activité industrielle a pu reprendre son

élan ; lorsque le crédit public, s'appuyant sur les sympathies populaires, s'est montré sous des formes et avec une puissance jusqu'alors inconnues; lorsqu'une paix glorieuse est venue inspirer partout la confiance qui fait naître et réussir les grandes entreprises ; lorsqu'en un mot la prospérité générale s'est manifestée par le nombre et l'importance des transactions, on a pu constater que les affaires équivoques, les spéculations frauduleuses reprenaient aussi une funeste activité. Les annonces de sociétés en commandite par actions ont de nouveau paru, exposant les plus étranges projets, demandant des capitaux considérables, promettant des bénéfices immenses, employant tous les moyens de séduction déjà connus, et en imaginant d'autres au besoin.

8. Les leçons de l'expérience n'ont point suffi pour empêcher ces manœuvres de produire leurs déplorables effets, et il n'y a que trop d'exemples de sociétés dont les actions, avilies presque le lendemain de leur émission, ont entraîné la ruine de ceux qui ont eu la folie de les accepter.

9. Le gouvernement, ému à la vue de ces désordres, a résolu d'y mettre un terme et d'en prévenir le retour. Il ne saurait tolérer que des intérêts nombreux restent exposés sans protection aux entreprises de la fraude; il désire surtout, répondant au vœu de la conscience publique, prévenir par de sages précautions, et même atteindre par de justes châtiments des faits qui échappent à l'application des lois existantes, mais qui blessent ouvertement les règles de la morale.

10. En prenant cette détermination, il y avait un écueil à éviter. Les dispositions ayant pour but de déjouer et de punir les combinaisons déloyales doivent réserver à l'industrie, au commerce, aux inventions utiles, la liberté qui leur est nécessaire. Le projet de loi concilie dans une juste mesure la répression qui doit atteindre les actes coupables, et l'indépendance qu'il faut laisser aux volontés privées dans la formation des contrats.

11. Les stipulations et les ruses dont on fait usage pour at

tirer l'argent dans les sociétés en commandite sont variées; mais, bien examinées, elles rentrent dans un cercle assez étroit et se réduisent à quelques procédés qui, différant par les détails, sont au fond et en réalité les mêmes. L'exagération de la valeur des apports en nature; la distribution des actions d'après cette appréciation; la forme au porteur, qui donne une si dangereuse facilité pour se défaire d'actions mal acquises, et sans qu'on puisse suivre leurs traces dans les mains qui se les transmettent; la valeur nominale, rendue à peu près illusoire par la faculté de faire des versements minimes au moment de l'émission; la composition des conseils de surveillance, dans lesquels on entre, soit par faiblesse, soit par calcul, souvent avec de mauvais desseins, presque toujours dans la pensée qu'aucune responsabilité n'est attachée aux fonctions qu'on accepte; enfin, les distributions de dividendes fictifs pris sur le capital social, tantôt à l'insu des conseils de surveillance, tantôt de connivence avec eux : telles sont les manœuvres le plus fréquemment employées pour tromper le public. C'est là ce qu'il faut défendre, empêcher ou punir.

12. En outre, depuis quelque temps on a pu remarquer que, dans beaucoup de statuts, le capital social est divisé en fractions d'une très-faible valeur. Il y a des actions de 50 fr., de 20 fr., de 5 fr. On comprend quelle classe de personnes on veut exploiter, et à quelle espèce de capitaux on fait appel lorsqu'on émet de pareilles valeurs. Les actions réduites à de si misérables proportions sont destinées à ceux qui, par leur condition sociale, sont le moins capables d'apprécier les chances auxquelles ils s'exposent; évidemment elles sont faites pour s'introduire dans les plus petites bourses, celles, précisément, pour lesquelles les pertes sont les plus cruelles; elles sont préparées pour s'emparer des modestes économies qui, au lieu de se hasarder dans les périls de la spéculation, doivent aller s'accumuler dans les caisses d'épargne. C'est surtout pour la protection de ces intérêts que la loi doit se montrer vigilante et sévère.

13. On aurait pu, sans entreprendre la tâche toujours délicate d'opposer une prohibition et même une peine à chaque fait blâmable ou nuisible, proscrire les sociétés en commandite par actions, ou les soumettre à l'autorisation du gouvernement. Mais supprimer l'usage pour empêcher l'abus est un procédé violent; c'est une extrémité à laquelle il ne faut avoir recours que lorsqu'il est impossible d'employer des moyens plus modérés. La société en commandite par actions est entrée profondément dans les habitudes du monde industriel; on ne doit pas méconnaître qu'elle lui a rendu de véritables services, en donnant le moyen d'exécuter ce qui, sans elle, aurait été impossible. Il a donc paru sage et utile de maintenir en principe la liberté de former des associations en commandite par actions, en prescrivant des règles, en imposant des restrictions telles, que la fraude et la mauvaise foi soient réduites à l'impuissance.

14. Ces règles et ces restrictions sont contenues dans les articles 1, 2, 3, 4, 8 et 9 du projet.

15. Ces articles fixent d'abord la somme au-dessous de laquelle ne pourront descendre les fractions du capital social, quelle que soit leur dénomination.

16. Ils préviennent ainsi des inconvénients et des dangers dont il fallait surtout se préoccuper, puisqu'ils menacent les intérêts si précieux des classes laborieuses.

17. Les mêmes articles subordonnent la constitution de la société au versement effectif d'une partie du capital social qui consiste en argent, et sans lequel il est presque toujours impossible de commencer de sérieuses opérations.

18. Ils exigent que ce versement soit constaté par acte notarié, afin de prévenir autant que possible les simulations.

19. Ils ne permettent pas que les actions soient au porteur avant leur entière libération. Ainsi, chaque négociation d'actions non entièrement libérées, lorsque cette négociation sera licite, révélera le nom des négociateurs; on ne pourra plus trafiquer en secret de titres équivoques.

20. Chaque souscripteur originaire est déclaré responsable du payement total du prix des actions qu'il a souscrites. Sans doute cette responsabilité est la conséquence des principes généraux en matière d'obligations conventionnelles, mais elle a été contestée; il était utile de l'établir en termes formels; il était surtout nécessaire de la placer au-dessus des stipulations particulières, au moins dans une certaine mesure. L'article 3 contient une disposition qui permet de réduire la responsabilité, mais seulement jusqu'à concurrence de moitié du montant de chaque action.

21. Le même article veut que les actions ne soient négociables que lorsque le versement des deux cinquièmes aura été fait. Des dispositions analogues, fondées sur les mêmes motifs, sont écrites dans les lois du 15 juillet 1845 et du 10 juin 1853, relatives aux actions des chemins de fer. Ces lois n'ont jamais été entendues en ce sens, que les actions fussent frappées par elles d'une absolue indisponibilité. Il a été, au contraire, expliqué et reconnu qu'une cession régulière par acte, soit notarié, soit sous signatures privées, qu'une donation dans les formes légales, que tous les autres modes autorisés par le droit civil, pourraient être mis en usage pour la transmission des titres non négociables. La loi actuelle est conçue dans le même esprit; elle ne prohibe que la négociation.

22. L'article 4 prescrit l'établissement, dans toute société, d'un conseil de surveillance. Il détermine le nombre de ses membres, le mode et le moment de sa constitution, ainsi que les époques périodiques de réélection.

23. Il veut qu'il soit composé d'actionnaires. Des associés ne peuvent raisonnablement confier la défense de leurs intérêts qu'à ceux avec lesquels ces intérêts sont communs.

24. Ainsi disparaîtront des conseils de surveillance ces membres parasites, dont plusieurs peuvent avoir l'honnête pensée d'accorder un patronage honorable à d'utiles entreprises, mais dont la plupart sont choisis afin que leurs noms servent en quelque sorte d'enseigne à la société, et qui acceptent le

mandat de surveillance qui leur est conféré sans avoir l'intention d'apporter à son accomplissement toute la diligence, toute l'exactitude que les actionnaires auraient le droit d'attendre d'eux.

25. Dans les articles 8 et 9, sont indiqués les droits et les devoirs les plus importants des conseils de surveillance.

26. La loi, en les retraçant, ne fonde rien de nouveau; elle rappelle ce qui a été trop souvent oublié ou méconnu.

27. Il était principalement essentiel de dire que les conseils de surveillance doivent s'assurer de l'exactitude et de la fidélité des inventaires; que c'est pour eux une obligation impérieuse de s'opposer aux distributions de dividendes fictifs, c'est-à-dire qui ne représentent point des bénéfices réels.

28. Presque tous les autres articles du projet ne sont que la sanction de ceux qui viennent d'être analysés.

29. L'article 5 déclare nulle, à l'égard des intéressés, toute société qui a été constituée contrairement aux dispositions des articles précédents.

C'était le moyen le plus naturel d'assurer l'observation des règles établies.

30. Le mot *intéressés*, emprunté à l'article 42 du Code de commerce, est pris dans l'acception que lui a déjà donnée la jurisprudence.

31. Une autre espèce de sanction, non moins efficace, se trouve dans l'article 6.

32. Cet article fait peser sur les membres du conseil de surveillance la responsabilité des infractions qui auront entraîné la nullité de la société.

33. Il n'y a rien en cela que d'éminemment juste. Avant d'accepter les fonctions qui lui sont offertes, chacun des membres du conseil peut facilement vérifier si le taux des actions est conforme à l'article 1er; si la réalisation du quart du numéraire, promis comme apport à la société, a été constatée par un acte notarié; si les actions sont en la forme prescrite par l'article 2; si aucune des clauses des statuts ne s'écarte des

règles tracées dans les articles 3 et 4, 7 et 8. Cette vérification mettra à couvert la responsabilité des associés qui se seront chargés des fonctions du conseil de surveillance. Ils ne pourront donc être compromis que par une négligence bien extraordinaire, ou par la volonté de s'engager dans une association contraire à la loi.

34. La règle est la même pour les fondateurs.

35. Toutefois, il ne suffira point d'avoir concouru à la formation d'une société pour être déclaré responsable. Celui-là seul, entre les fondateurs, sera exposé à l'action des intéressés, qui aura stipulé à son profit quelque avantage particulier, ou qui aura fait un apport en nature, ce qui est trop souvent un procédé pour se procurer des bénéfices auxquels ne participent point les autres associés.

36. L'article 7 est l'un des plus importants du projet.

37. Il a pour but la répression d'un moyen de fraude très-commun, très-dangereux, très-difficile à saisir, l'exagération de la valeur de l'apport social.

38. Il n'est personne qui ne sache avec quelle audace et quel succès ont été pratiquées les manœuvres de ce genre.

Désormais elles seront à peu près impossibles.

39. L'associé qui aura fait un apport dont la valeur réelle aura été exagérée de plus de moitié, sera tenu envers tout intéressé de réparer le dommage que lui aura causé cette exagération.

40. Il est vrai qu'en général la lésion, quelque considérable qu'elle soit, n'autorise point les majeurs à demander soit la rescision du contrat, soit la réparation du dommage qu'ils éprouvent. Mais il y a des exceptions à cette règle; il y en a pour les ventes d'immeubles; il y en a pour les partages entre cohéritiers, et par conséquent pour les partages entre associés.

41. Sans doute cette faculté de se soustraire aux effets de son consentement doit être rarement accordée; mais elle peut l'être surtout lorsqu'il s'agit des conventions qui sont plus

spécialement soumises au principe de l'égalité; ou lorsque l'un des contractants était exposé plus que tout autre à être induit en erreur.

42. L'une et l'autre raison justifient le recours que donne le projet aux membres des sociétés en commandite par actions, trompés sur la véritable valeur de l'apport. « L'égalité, » disait le tribunat dans ses observations sur l'article 1872 du code civil, « l'égalité, qui est l'âme de tout partage, appar» tient plus particulièrement encore à celui d'une société, *dont » elle constitue la nature et l'élément.* » Qui, d'ailleurs, ignore avec quelle facilité et quelle imprudence se laisse entraîner la foule des actionnaires? Est-ce qu'il y a de leur part examen de la valeur des apports en nature? est-ce qu'il y a, à cet égard, ce consentement libre, éclairé, réfléchi, qui rend les conventions immuables? L'expérience n'a que trop prouvé le contraire.

43. L'évaluation de certains objets qui sont fréquemment compris dans les apports sociaux pourra présenter quelquefois des difficultés. Les mines, les inventions, les usines, les clientèles ont une valeur incertaine en elle-même, variable selon les événements, et sur laquelle se trompent ou se divisent les hommes les plus expérimentés; cela est incontestable.

44. Mais, d'abord, l'appréciation se fera toujours eu égard à l'état de choses au moment où l'apport sera entré dans la société; le bon sens l'indique et le texte le déclare. Les magistrats sauront bien qu'ils doivent tenir compte des changements survenus et faire la part des circonstances. En second lieu, il ne s'agira pas de rechercher une exagération peu considérable: elle devra être de plus de moitié. Dans de telles proportions, l'appréciation est bien moins difficile. Enfin, dans les partages, on est obligé et l'on parvient à estimer les mêmes objets avec exactitude, puisque la lésion de plus du quart donnerait naissance à l'action en rescision. Pourquoi ne serait-on pas aussi heureux ou aussi habile dans les actes de société? Tous les

jours, enfin, le jury d'expropriation règle les indemnités dues pour des fonds de commerce, des achalandages, des établissements industriels; l'application de la loi ne rencontrera donc point d'obstacles insurmontables. Dans le doute, au surplus, les évaluations faites par les actes de société seront maintenues par les tribunaux.

45. Le gérant qui aura accepté un apport exagéré pourra être déclaré solidairement responsable des condamnations prononcées contre celui qui aura fait l'apport. Sans son concours, le dommage n'aurait pas eu lieu; il doit contribuer à le réparer. Enfin, s'il y a eu dol, ou si des manœuvres constituant un délit ont été employées pour dissimuler l'exagération et tromper la société, l'action en rescision pourra être intentée, et le code pénal sera appliqué, s'il y a lieu.

46. Après avoir, dans les articles 8 et 9, indiqué les devoirs des conseils de surveillance, il fallait prévoir les cas où ces devoirs ne seraient pas remplis. Il eût été trop rigoureux d'imposer une inflexible responsabilité, même pour les plus légères infractions; c'est pour les plus considérables seulement que la loi réserve sa sévérité. L'article 10 déclare les membres des conseils de surveillance responsables lorsque, sciemment, ils auront laissé commettre des inexactitudes graves dans les inventaires, ou lorsque, en connaissance de cause, ils auront consenti à la distribution de dividendes fictifs. Savoir qu'il y a de graves inexactitudes dans les inventaires, et les laisser subsister; consentir à des distributions de dividendes, quand on sait qu'ils ne sont point pris sur des bénéfices réels, c'est au moins une faute lourde, qui engage nécessairement la responsabilité de celui qui la commet.

47. Pour que le but poursuivi par le projet dans les articles 1, 2, 3 et 4 fût sûrement atteint, une sanction efficace était indispensable: il fallait punir de peines sévères tous ceux qui, dans une intention coupable, violeraient ces prescriptions de la loi, notamment ceux qui émettraient les actions d'une société dont les statuts seraient en opposition avec les articles

1 et 2; ceux qui négocieraient des actions dont la valeur ou la forme s'écarterait des règles prescrites par les mêmes articles, ou pour lesquelles le versement exigé par l'article 3 n'aurait pas été effectué; ceux, enfin, qui publieraient d'une manière quelconque la valeur des mêmes actions. On ne pouvait également laisser impuni le gérant qui, au mépris de l'article 4, commencerait les opérations sociales avant d'avoir donné aux actionnaires la garantie d'un conseil de surveillance légalement constitué.

48. Dans tous ces cas, soit qu'on examine les intentions, soit qu'on s'attache aux conséquences des faits, soit qu'on apprécie l'intérêt qu'on peut avoir à commettre les infractions, on reconnaît la nécessité d'une pénalité élevée.

49. En conséquence, aux termes des articles 11, 12 et 13, l'émission, la négociation des actions dont nous venons de parler, la publication de leur valeur, les opérations sociales prématurément commencées sont punies correctionnellement; elles constituent des délits de même nature, entre lesquels cependant il a été juste d'établir des nuances, selon le degré de culpabilité des agents et l'imminence du mal qu'il s'agissait de prévenir.

50. L'émission, la négociation et la publication seront souvent le fait commun de plusieurs personnes; les principes généraux sur la complicité détermineront celles qui seront punissables.

51. Une disposition spéciale est consacrée aux agents de change. Si leur caractère d'officiers ministériels semblait appeler sur eux une pénalité plus rigoureuse, il ne fallait pas oublier que l'avantage résultant pour eux du délit sera toujours minime, et qu'ils resteront exposés aux poursuites disciplinaires, dont les conséquences peuvent être si terribles. Ces considérations ont fait réduire, dans l'article 13, les peines édictées par les articles 11 et 12.

52. Après les explications qui ont été précédemment données sur ce qu'on doit entendre dans l'article 3 par l'expression

actions *non négociables*, il n'est pas possible que l'on confonde la négociation coupable avec la grande mission licite, opérée par les voies qu'autorisent les lois civiles.

53. Ce qui est défendu et puni, c'est la négociation à la Bourse ou ailleurs, avec ou sans l'intermédiaire d'agents de change, tantôt au moyen de procurations en blanc, tantôt par d'autres procédés, par tradition manuelle, par endossement, par transfert signé sur les registres de la société ; en un mot, par les voies commerciales. Déjà la jurisprudence, interprétant la loi du 15 juillet 1845, a fait cette distinction ; les tribunaux n'auront qu'à la suivre, si l'exécution de la loi actuelle donne naissance aux mêmes difficultés.

54. Il serait désirable que toutes les prescriptions du projet pussent régir les sociétés actuellement existantes. Le principe de la non-rétroactivité des lois ne le permet pas ; mais il n'est point un obstacle à l'application immédiate des dispositions qui se bornent à établir des règles d'administration, à organiser des moyens de surveillance qui ne modifient point les rapports des associés entre eux, et qui, par conséquent, ne touchent point aux droits acquis.

55. Se fondant sur cette distinction, l'article 15 prescrit, dans un délai qu'il détermine, la formation dans toutes les sociétés d'un conseil de surveillance, composé comme l'ordonne l'article 4, et ayant les fonctions qu'énumèrent les articles 8 et 9.

56. L'article 15 dit, en outre, par renvoi à l'article 10, que si, dans l'avenir, les membres d'un conseil nouvellement constitué laissent sciemment commettre des inexactitudes graves dans les inventaires, ou consentent en connaissance de cause à des distributions de dividendes fictifs, ils seront responsables. Aucune accusation de rétroactivité ne peut être adressée à cette disposition de la loi. Sans doute elle s'adresse à des sociétés formées avant sa promulgation ; mais, d'une part, elle ne règle que les conséquences de faits qui s'accompliront sous son empire, et, d'un autre côté. elle est bien moins une

règle nouvelle que la déclaration d'une règle déduite des principes de la législation existante.

57. Toutes les fois que dans le sein des sociétés, où l'on compte beaucoup d'associés, se sont élevées des contestations, le nombre des parties, la difficulté de les connaître, l'éloignement des domiciles, ont entraîné des frais, des lenteurs, des embarras considérables. En permettant à tous les actionnaires de se faire représenter par des commissaires nommés en assemblée générale, en accordant aussi à des groupes d'actionnaires la faculté de choisir entre eux des commissaires spéciaux, selon que tous les associés, ou seulement quelques-uns d'entre eux, seront engagés dans des contestations soutenues dans un intérêt collectif, le projet simplifie les procédures et diminue, par conséquent, les dépenses dans une grande proportion. En même temps, et par une précaution qu'il eût été imprudent d'omettre, il réserve à chacun le droit d'intervention. Celui qui manquera de confiance dans les mandataires choisis par ses coïntéressés pourra se défendre lui-même, mais à la condition de supporter seul tous les frais que sa présence aura causés, quelle que soit la décision qui intervienne sur un procès auquel il pouvait rester étranger.

58. Nous sommes convaincus, et nous espérons que le corps législatif sera convaincu comme nous, que l'ensemble des dispositions que nous venons lui soumettre atteindra complétement le but que s'est proposé le gouvernement, qu'il déjouera les fraudes, préviendra les abus, sans nuire à la formation et au développement des sociétés loyales.

59. Si les gens honnêtes, craignant d'assumer la responsabilité imposée aux gérants, aux fondateurs, aux membres des conseils de surveillance, effrayés par des pénalités qui ne peuvent atteindre que des actes coupables, devaient désormais refuser leur concours à la constitution et à l'administration des sociétés en commandite par actions, cela serait sans doute profondément regrettable.

60. Mais les esprits les plus timorés ne sauraient, en y ré-

fléchissant, s'abandonner à de pareilles inquiétudes. Gérants et fondateurs n'auront rien à redouter, lorsque les dispositions si simples et si précises relatives aux taux des actions, à leur forme, à leur négociation, à la constitution de la société, à l'établissement du conseil de surveillance et à l'exagération de l'apport, auront été observées.

61. La vérification de ces différents points n'exigera ni connaissances spéciales, ni profonde investigation; un coup d'œil jeté sur les statuts suffira pour voir si les règles prescrites ont été fidèlement suivies.

62. Pour les membres des conseils de surveillance, l'examen sera encore plus facile, puisque leur responsabilité est moins étendue.

63. Ils devront, il est vrai, prendre au sérieux leurs attributions, surtout empêcher les distributions de dividendes factices. Mais ce n'est pas réellement le projet qui crée pour eux cette obligation; elle est fondée sur des principes aussi anciens que les sociétés; elle naît de la nature même des choses. Qui dit *conseil de surveillance*, indique assez les devoirs de ceux qui le composent.

64. Si ces devoirs, mal compris, ont souvent été négligés, non-seulement on ne peut se plaindre de la loi qui les rappelle, qui les précise, qui en montre les conséquences; chacun doit, au contraire, accueillir avec un sentiment de reconnaissance ses salutaires avertissements.

Nous avons l'honneur, messieurs, de vous proposer l'adoption du projet de loi.

Signé à la minute,

VUILLEFROY, président de section,

DUVERGIER, conseiller d'État, rapporteur.

RAPPORT

FAIT, A LA SÉANCE DU 23 JUIN 1856, AU NOM DE LA COMMISSION (1) CHARGÉE D'EXAMINER LE PROJET DE LOI RELATIF AUX SOCIÉTÉS EN COMMANDITE PAR ACTIONS,

PAR

M. J. LANGLAIS (SARTHE),
Député au Corps législatif.

MESSIEURS,

65. La commission, que vous avez chargée d'examiner le projet de loi relatif aux sociétés en commandite par actions, a cru répondre au vœu du corps législatif, en s'occupant sans relâche de la mission qui lui était confiée. Elle considère que, pour ces sortes de questions, il n'est pas bon que les intérêts demeurent incertains. C'est pour cette raison qu'elle a consacré, chaque jour, de longues séances à ses délibérations; et elle espère que le corps législatif ne se séparera pas avant d'avoir voté cette loi importante.

66. Quel est l'esprit de cette loi nouvelle; quel en est le but? C'est ce qu'il importe de préciser. La loi qui régit, en France, le contrat de société, est envisagée à des points de vue bien opposés. Cette loi paraît aux uns bonne, assez large pour les

(1) Cette commission était composée de MM. Schneider, *président;* Busson, *secrétaire;* le vicomte de Kervéguen, Bertrand (Yonne), Langlais, Riché, Vernier.

conceptions sages, suffisamment protectrice de tous les intérêts. On l'accuse, d'un autre côté, d'être imprévoyante, étroite, ou arriérée. La puissance qui naît de l'association des capitaux et de l'industrie; ses applications aux grandes entreprises du crédit et du travail; les changements qu'elle amène dans les fortunes; ses succès, trop souvent suivis de ses revers; tout ce mouvement semble comme une nouveauté dans la société; on dirait que la loi a été prise au dépourvu, et on ne demande pas moins qu'une réforme radicale.

67. C'est surtout dans les temps de crise que se produisent ces opinions absolues. Nous avons été témoins, une première fois, de ce spectacle, sous la dernière monarchie. L'industrie, longtemps languissante, s'était ranimée; l'esprit de spéculation s'empara de la société; il enflamma les imaginations; et ce fut bientôt comme une sorte de fièvre universelle. La cupidité rend crédule et téméraire; on enviait ces fortunes rapides, dont la conquête ne coûte ni travail ni peine; et l'on se jeta à l'envi dans les folles entreprises. La leçon arriva vite; et de tant d'affaires, annoncées avec fracas et souvent tombées avec scandale, il ne restait que le regret de s'être montrés dupes, aveugles, et d'avoir servi d'instrument à des fortunes mal acquises.

68. La confiance des victimes n'est certes ni une excuse, ni une absolution pour les coupables; mais, au lieu de faire la part aux erreurs des hommes, on s'en prit un peu trop à la loi de tous ces mécomptes; et c'est à la loi surtout qu'on fit le procès. Le gouvernement entra dans cette voie; et une forme de société, qui est enracinée dans les mœurs commerciales, se trouva proscrite. Le projet de loi de 1838 proposait de supprimer la société en commandite par actions.

69. L'industrie a besoin d'ordre, de sécurité, de paix; et depuis que la France jouit de ces biens, nous assistons au réveil de son activité, de son génie, et de sa puissance. Les affaires équivoques, les mauvaises spéculations se sont montrées aussi; et à vingt ans de distance, ont reparu le même langage, les

mêmes promesses, les mêmes moyens de séduction. Le temps n'a pas beaucoup marché, et déjà il n'y a que trop d'exemples de sociétés, dont les actions avilies ont amené des pertes regrettables. On s'est remis alors à douter de la loi; on voudrait que l'État prît en quelque sorte la tutelle directe des capitaux; qu'il substituât sa modération et sa prévoyance à cet élan libre, souvent impétueux de l'esprit individuel, qui égare quelquefois, mais qui est aussi une force vive de notre nation.

70. Le premier éloge que mérite la loi, c'est d'avoir repoussé pour l'État cette tutelle dangereuse, et de maintenir dans sa base le contrat de société, tel que l'a fait le travail du temps. On oublie trop, en effet, que le législateur moderne, en cette matière, a plutôt classé qu'il n'a innové. Il y a des siècles que les principes du contrat de société ont été posés, d'abord chez ce peuple romain, qui n'a pas seulement agité le monde par ses armes, mais qui l'a remué par l'activité et la grandeur de son commerce; puis, dans ce moyen âge, qui créa tout par l'association; dans cette Italie, alors si industrieuse et si riche, avec ses spéculateurs, portant les plus grands noms de Florence ou de Gênes, tour à tour marchands et hommes d'État; couvrant les mers de vaisseaux, l'Europe de comptoirs; mêlés à toutes les affaires; prêtant aux souverains, et tenant dans leurs mains tout le crédit de l'Occident; puis encore dans cette France du XVIe et du XVIIe siècle, où, à la voix de Sully, de Richelieu, de Colbert et de Louis XIV, des associations entreprenaient de vastes travaux de desséchement, ou bien s'en allaient, au delà des mers, coloniser des terres immenses.

71. C'étaient des sociétés qui, à Rome, exploitaient la banque, les fournitures des armées; qui avaient la ferme des impôts; qui se livraient aux plus grandes entreprises de terre et de mer. La *commande*, ou commandite, remplit le moyen âge; elle a été un des grands instruments qui ont donné l'élan aux capitaux. La division du capital social en actions est un fait constaté avant la fin du XVIe siècle. Ces sociétés par actions étaient innombrables, en France, avant la révolution : l'exploi-

3.

tation des mines, des canaux, des fabriques, et des manufactures, les plus grandes entreprises, comme celles d'une moindre importance, se constituaient sous cette forme. On s'effrayait déjà de leurs abus; et on n'a rien écrit de plus saisissant sur l'agiotage, que le traité de d'Aguesseau sur le commerce des actions.

72. La révolution arrêta ce mouvement industriel; mais quand la France put respirer, sous le consulat, les mêmes besoins ramenèrent bientôt les mêmes combinaisons; et de grandes sociétés vivaient organisées, dans des conditions très-diverses, lors de la discussion des Codes. Depuis deux siècles, le droit commercial français avait reçu de la main de Louis XIV, l'ordonnance de 1673, un des plus beaux monuments de son génie.

73. Rien ne manquait donc pour l'enseignement du législateur, ni le spectacle de l'industrie honnête et laborieuse, ni le souvenir des ruses de la fraude et des surprises de l'agiotage, ni l'éclat des catastrophes qui suivent les entreprises aventureuses. On avait vu tomber, et cette grande compagnie de Saint-Christophe, dont les propriétés étaient des royaumes, et cette compagnie des Indes-Orientales, qui avait pour commanditaires Louis XIV et Colbert. La banque de Law avait été le prétexte d'un jeu effréné. Les actions avaient monté jusqu'à quarante fois au delà de leur valeur d'émission : les fortunes s'élevaient et se détruisaient en un jour. Cette frénésie passa de France en Angleterre et en Hollande; la banqueroute, la fraude, des entreprises imaginaires y bouleversèrent le patrimoine des familles.

74. Le législateur du Code de commerce ne marchait donc pas dans une carrière inconnue ; depuis des siècles, l'institution fonctionnait ; elle avait eu ses heures de crise et ses temps de grandeur et de prospérité ; l'expérience était longue, complète; et on put faire, avec le concours des tribunaux et du commerce, une loi, qui ne s'offre à nous que comme la formule de tout ce que le passé présentait de faits considérables

en industrie et en économie. C'est ainsi que la société collective, la société anonyme, la société en commandite, connues sous d'autres noms, mais pratiquées depuis des siècles, vinrent prendre place dans la législation.

75. Ces formes diverses d'association correspondent, en effet, à des situations diverses aussi et observées longtemps. Il y a une nature d'affaires qui exigent, avec une communauté d'efforts, avec une responsabilité commune, une confiance réciproque, les mêmes vues, et une sympathie d'idées et de caractères. C'est pour cette classe de personnes, et pour cette catégorie d'intérêts, que la loi a créé la société en nom collectif.

76. D'autres affaires demandent beaucoup de capitaux et de longues années. Les grands travaux d'utilité publique sont de ce nombre. On rencontrerait difficilement, pour ces vastes entreprises, un homme assez riche pour offrir une responsabilité sérieuse, et assez téméraire pour en prendre le fardeau. La concurrence n'est pas pressante, le but est lointain; l'unité, la promptitude dans l'action ont moins d'utilité. C'est pour cette nature d'affaires que la loi a créé la société anonyme, simple association de capitaux, dans laquelle toute individualité, toute responsabilité disparaissent.

77. On comprend pour cette espèce de société l'intervention préalable de l'État. L'esprit d'indépendance en a quelquefois murmuré; mais ses plaintes sont vaines et irréfléchies. Lorsqu'une société cache aux yeux du public toute sa personnalité, lorsque les créanciers n'ont pour gage qu'un actif impossible à vérifier, la fraude est à craindre; une mauvaise combinaison, une mauvaise gestion peuvent compromettre la fortune des actionnaires, altérer le crédit; et dès lors un haut intérêt d'ordre public demande que le contrôle de l'autorité supplée à l'absence de cette responsabilité, dont la société anonyme est seule dispensée.

78. Le commerce offre des affaires où l'association du capital et de l'industrie est indispensable; des entreprises, qui

exigent des capitaux, qu'on trouverait difficilement dans quelques mains. C'est une fabrique à faire valoir, une manufacture à créer, une invention à exploiter. La concurrence est vive; on a besoin d'unité dans la direction, de spontanéité dans l'action, d'à-propos dans les expédients, de liberté toujours. C'est à cette situation que correspond la société en commandite.

79. La responsabilité se déplace dans ce genre de société. La solidarité ne pèse plus sur tous les associés, comme dans la société collective. Les créanciers de la société n'ont une action personnelle, indéfinie et solidaire, que contre les associés gérants. Les autres associés, les commanditaires, ne sont engagés que jusqu'à concurrence de leurs mises.

80. Cette organisation est simple; et la commandite n'a pris une si grande place dans le mouvement commercial, que parce que les avantages en sont incontestables et frappants. Le capitaliste qui entre dans cette société, rêve trop souvent de gros dividendes; mais il sait d'avance à quoi sa perte est limitée. Voilà le premier avantage, la sécurité.

81. La division du capital en actions est un autre attrait non moins séduisant. On aime ces valeurs mobiles, qui passent rapidement de main en main, et presque sans frais. La commandite enfin a comme un gouvernement organisé, pour toute la durée de ses opérations. Tandis que l'administration d'une société anonyme, élective et mobile, dépendante de majorités plus ou moins éclairées, s'embarrasse dans des formes qui nuisent à la rapidité des résolutions, celle d'une commandite fonctionne avec unité, promptitude et liberté. L'existence des gérants est liée à son sort; ils prospèrent avec elle, ou se ruinent avec elle. Voilà quelle est la commandite, quand elle a le bonheur d'avoir des gérants habiles et honnêtes; mais elle devient la pire des combinaisons, lorsqu'elle tombe entre les mains des incapables et des prodigues; et sa ruine arrive bientôt par l'effet de cette puissance même, qui ne trouve plus ni frein ni contre-poids suffisant.

82. Telle est la sphère dans laquelle peut se mouvoir, en France, l'esprit d'association. Le commerce est entré dans cette carrière, et il y marche avec fermeté. La société collective est devenue florissante entre les mains de nos négociants, de nos armateurs, de ces industriels sages et résolus, qui travaillent sans bruit et dédaignent l'agiotage.

83. La puissance des sociétés anonymes est visible plus que jamais, et c'est une des grandeurs de notre pays et de notre temps que leur épanouissement merveilleux. Chemins de fer, canaux, crédit public, elles alimentent tout, elles fécondent tout; ce n'est pas seulement la fortune de la France, c'est celle de l'Europe qui vient s'engager dans ces vastes entreprises; et sur quel gage? sur la confiance dans l'État, qui veille sur ces grands intérêts, si intimement liés à la prospérité publique.

84 La société en commandite s'est développée dans des proportions bien plus considérables encore. Les abus, qui en ont été faits dans des moments de vertige, ne doivent pas rendre injustes, pour une combinaison, dont le principe est ingénieux et fécond. Oui, des entreprises ont été conçues sans réflexion et sans maturité; quelques-unes n'ont été imaginées que comme un moyen de battre monnaie au profit de hardis spéculateurs; d'autres ont été mal exploitées, ont gaspillé des ressources précieuses. Cependant, les commandites par actions ont servi de base à de grandes, à de solides entreprises financières, elles ont concouru, d'une manière honorable et pour une large part, au progrès du travail et de l'industrie.

85. Le projet de loi, soumis à vos délibérations, s'est abstenu avec sagesse de porter aucune atteinte à cette grande classification du contrat de société, qui n'a pris place dans la loi, que parce qu'elle était entrée profondément dans les habitudes et les mœurs commerciales de la nation. Son unique objet, c'est la société en commandite par actions.

86. Quel est le caractère saillant de cette loi nouvelle? Nous osons dire que c'est un grand respect pour la liberté de l'in-

dustrie. Le gouvernement part de ce point — et votre commission s'associe complétement à cette haute pensée — que, même au prix des abus dont n'est exempte aucune institution humaine, la vie de l'association, c'est la liberté. L'industrie est jalouse de son indépendance; elle ne subit qu'avec défiance le contrôle de l'autorité; elle en redoute les lenteurs; elle y craint trop d'arbitraire, mêlé à trop de puissance. On peut croire enfin que cette tutelle, nécessairement bornée, ne dédommagerait ni les associés de cette vigilance, de cette initiative, de cette ardeur qu'inspire l'intérêt personnel, ni les tiers de cette prudence que commande aux gérants le sentiment de la responsabilité, qui les atteint dans leur fortune, leur liberté et leur honneur.

87. Tout homme qui crée une entreprise doit donc pouvoir choisir la forme d'association qui convient à son industrie. La loi n'intervient pas dans les contrats particuliers; c'est au fondateur à fixer son capital, à déterminer la durée de la société, à créer les actions, à organiser les assemblées des associés, à appeler les capitaux, à régler leur destination et leur emploi; à faire, en un mot, ces stipulations si variées qui constituent la charte de chaque société. Là est l'empire de la liberté.

88. Cependant l'abus est bien voisin de la liberté, et l'esprit d'agiotage touche de près à l'esprit de spéculation. Or, ce qui est redoutable, c'est cet esprit de jeu qui, à certaines époques, tend à prévaloir dans la société; car tout ce qui introduit le hasard parmi les hommes, les corrompt. On entend du bruit, on voit de l'activité; mais c'est une activité vicieuse : elle rend la nation inquiète, cupide, téméraire, d'économe et de laborieuse qu'elle était auparavant.

L'élan qui porte les capitaux vers l'association mérite, à cet égard, toute la sollicitude de l'État. C'est, en effet, une force considérable que toutes ces sociétés, qui empruntent à la presse sa rapidité et son influence; qui sont répandues dans tout le pays; qui y vivent affranchies de contrôle, et qui peuvent jeter une masse énorme de titres au porteur sur le marché. On peut mesurer cette puissance par le nombre de ces sociétés et par leurs capitaux.

89. L'exposé des motifs du projet de loi de 1838 portait à un milliard environ l'évaluation du capital des sociétés, fondées pendant les douze années précédentes, soit sous la forme anonyme, soit sous la forme de commandite. Ce chiffre est aujourd'hui dépassé dans des proportions considérables. L'état officiel des sociétés anonymes en porte le nombre au chiffre de 351, parmi lesquelles 252 ont un capital divisé en actions. Leur valeur totale s'élève à 1,929,000,000, à près de 2 milliards. Nous n'avons pas le chiffre des sociétés en commandite ; mais un seul journal, le *Journal général d'affiches*, en a publié 457 à Paris, dans l'espace de temps compris entre le 1er juillet 1854 et le 30 juin 1855. Leur capital nominal s'élevait presque à un milliard ; dans ce nombre, 225 avaient divisé leur capital en actions, et ce capital était de 968 millions. Ainsi une seule année voit naître, à Paris, plus de sociétés en commandite, qu'il n'y a de sociétés anonymes, de toute date et pour toute la France ; et ce capital d'une seule année atteint la moitié de celui de toutes les sociétés anonymes existantes !

90. Lorsque ces associations sont sérieuses, honnêtement conçues, loyalement conduites, l'État n'a point à s'en inquiéter ; l'animation qu'elles excitent, c'est la vie, c'est la lutte légitime et féconde des intérêts. Autrement, ce peut être le danger public : et là commence le devoir de la prévoyance de l'État.

91. Citons un exemple trop fréquent. Voilà une société qui s'établit avec un capital important ; le fondateur en a dressé l'acte, soit seul, soit avec un petit nombre d'associés ; l'apport, c'est un immeuble déjà déprécié, ou un procédé sans valeur. On sait que les petits capitaux sont nombreux ; ce sont des salaires, des économies péniblement amassées. La loi les sollicite pour la caisse d'épargne, cette providence des classes laborieuses ; on va les tenter, les séduire par l'appât de bénéfices

exagérés. Le fondateur s'est réservé des avantages outrés ; les souscripteurs accourent au bruit des prospectus ; la société est constituée et marche ; le conseil de surveillance est aveugle ou reste silencieux ; on leurre les associés par la distribution de dividendes, mais c'est aux dépens du capital social. Pendant tout ce temps, on a joué sur les actions de ces entreprises ; les fondateurs se sont enrichis ; puis la société tombe, et que reste-t-il ? quelques gens crédules, qui n'ont en retour de leur argent que du papier sans valeur !

92. Supposez maintenant que ces sociétés se multiplient, et le caractère national s'y prête plus qu'en aucun autre pays ; il y a longtemps, en effet, que d'Aguessau, écrivant son mémoire sur le commerce des actions, disait : « Le Français n'a » pas changé de caractère, depuis Jules César. Extrême en » tout, il passe sans milieu de l'excès de la confiance à l'excès » de la défiance. Il n'y a point de pays où l'on *puisse hasarder* » *plus aisément des entreprises qui ne roulent que sur l'opinion.* » Supposez donc que les capitaux soient détournés souvent des affaires utiles, pour se perdre dans ces régions stériles, le crédit public ne serait-il pas compromis ? N'y a-t-il pas un grand intérêt à ce que ces fraudes soient réprimées ? Tous ces petits capitaux, qu'on égare, ne méritent-ils pas protection ? La loi doit-elle, par un vain respect de la liberté d'industrie, demeurer impuissante devant ces associations, inventées pour récolter des primes, et qui mériteraient mieux le nom de loteries que celui de sociétés ?

93. Le gouvernement ne l'a pas pensé, avec grande raison ; et c'est contre ces associations qu'est dirigé le projet. La loi ne touche pas à la liberté de l'industrie ; ce qu'elle veut atteindre, c'est la société qui n'est pas sérieuse, qui n'est pas honnête.

Les signes auxquels on la reconnaît ne sont pas incertains. Ainsi toute société, grevée d'un apport social notablement exagéré, est évidemment une déception pour les associés. Toute société, dont le capital n'est pas réellement souscrit, qui n'a que des joueurs, au lieu d'actionnaires, n'est que l'ombre d'une société, un instrument d'agiotage, une cause de ruine pour le public. Toute société, où le contrôle des intéressés ne s'exerce pas avec sincérité et liberté, où l'on trompe sur l'état vrai de l'entreprise, n'est pas une société honnête. C'est à toutes ces fraudes que s'attaque la loi ; ce sont elles qu'elle veut réprimer, dans l'intérêt de la morale, de la bonne industrie, des fortunes privées et du crédit public. Quels sont les moyens à l'aide desquels elle espère atteindre ce but désirable? C'est ce qui nous reste à examiner.

FORMATION DE LA SOCIÉTÉ. — ÉMISSION ET NÉGOCIATION DES ACTIONS.

94. La loi s'occupe d'abord de la constitution de la société. Les fondateurs de commandite jouissent, sous ce rapport, d'une liberté complète. Nulles règles sur la division du capital de la société en actions, sur leur forme, sur le moment où la société doit commencer ses opérations, sur la responsabilité des premiers souscripteurs.

95. Cette liberté absolue est favorable aux combinaisons de la fraude et de la mauvaise spéculation. D'abord, la faculté de fractionner indéfiniment le capital social a conduit à émettre des coupons de la plus étrange exiguïté. Il y a des sociétés dont les actions sont de 25 fr., de 15 fr., de 10 fr., de 5 fr., on dit même de 1 fr. Ces actions s'adressent aux plus petites bourses, à cette partie de la population qui est la moins instruite, la plus accessible aux entraînements. C'est pour ces sortes d'affaires qu'on prodigue les promesses les plus extravagantes : on agiote, on joue sur ces valeurs imaginaires.

96. Les vraies sociétés ne comportent pas de pareils titres ; ce ne sont plus des actions, ce sont des billets de loterie. Le projet les supprime, par l'article 1er, et dispose que toute action ne doit pas être d'une valeur moindre de 500 fr., quand le capital social est supérieur à 200,000fr. Lorsque ce capital

n'excède pas 200,000 fr., toute action ou coupon d'action ne peut descendre au-dessous de 100 fr.

97. Votre commission a donné son approbation complète à cette partie de la loi. Le moyen d'avoir des sociétés sérieuses, c'est de n'y appeler que des associés suffisamment intéressés. Il nous a paru que le minimum de 500 fr. est la juste limite; il comporte les gros capitaux, et n'éloigne pas les capitaux moyens, qui sont l'aliment indispensable des entreprises.

98. L'exception, s'appliquant aux sociétés dont le capital n'excède pas 200,000 fr., était commandée par la nature des choses ; elle tournera au profit des petites associations, ou de ces entreprises modestes, réclamées par l'intérêt communal ou départemental, et qui sont inspirées bien moins par la spéculation que par le patriotisme local.

99. L'absence de règles sur la constitution des sociétés est encore une source d'abus. Le fondateur d'une société émet ses actions, et appelle le public. Les actionnaires viennent, mais en petit nombre; l'affaire n'en est pas moins constituée, soit dans l'intérêt seul du gérant, soit qu'on se berce d'espérance et d'illusions. L'entreprise prend ainsi aux yeux du public une apparence trompeuse de vitalité; on marche, on attend vainement les capitaux qui ne viennent pas; et l'on va, de déceptions en déceptions, jusqu'à la ruine et à la faillite.

100. Le remède radical, ce serait le versement de tout le capital, avant la constitution de la société; mais, d'un côté, on rendrait la formation des sociétés trop difficile, et d'autre part, ce payement anticipé serait une perte réelle pour la circulation et la production, et aurait pour conséquence d'accumuler, dans la caisse d'une compagnie, des fonds dont elle n'aurait pas toujours un emploi immédiat.

101. Le versement d'une portion du capital n'a aucun de ces inconvénients, et il est, dans une certaine mesure, une garantie pour les souscripteurs et pour le public. Le projet dispose que cette fraction, qui devra être préalablement réalisée, sera du quart au moins de la partie du capital social qui con-

siste en numéraire. Nous avons proposé, et le conseil d'État a adopté, que cette réalisation doit avoir lieu par le versement du quart sur le montant de chaque action.

102. Le payement de la totalité du capital social avant la constitution de la société offrirait des dangers ; mais la souscription intégrale de ce capital n'en présente aucuns ; et c'est vraiment un des signes auxquels on reconnaît qu'une société est sérieuse, et qu'elle ne deviendra pas une déception pour les tiers et pour les souscripteurs. On l'exige toujours quand il s'agit d'une société anonyme. Votre commission en a fait l'objet d'un amendement qui a éte admis par le conseil d'État.

103. Le projet de loi prescrivait que la réalisation fût constatée par acte notarié. Cette disposition, qui imposait à l'officier public des recherches, souvent difficiles dans la pratique, et dont sa responsabilité aurait pu s'inquiéter, nous a paru être remplacée utilement par une nouvelle rédaction. Nous avons proposé que le versement préalable du quart et la souscription fussent l'objet d'une déclaration notariée par le gérant, qui serait tenu d'y joindre la liste des souscripteurs et l'état des versements. C'est à la fois une preuve à l'appui de la sincérité de la déclaration, et un document important, en cas de poursuite des premiers souscripteurs, pour défaut de payement des actions. Nous avons pensé, enfin qu'il convenait de laisser aux fondateurs de sociétés toute liberté de rédiger les statuts sociaux, soit par actes privés, soit devant notaires ; mais, que dans l'intérêt des actionnaires, le dépôt de l'acte était indispensable. Le conseil d'État a admis tous ces amendements.

104. On stipule quelquefois, dans les actes de société, qu'une portion seulement du capital social sera émise provisoirement, et on abandonne au gérant, soit seul, soit avec l'autorisation du conseil de surveillance, la faculté de faire émission d'une nouvelle série d'actions. De là peuvent naître des abus de toute sorte, et nous avions proposé qu'on subordonnât cette émission à la double condition que le capital

primitif fût recouvré en totalité, et que l'assemblée générale des actionnaires eût donné une autorisation. Le conseil d'État a rejeté cet amendement.

105. Quelle sera la forme des actions? Actuellement elles peuvent être soit nominatives, soit au porteur, au gré des fondateurs. Cette liberté doit-elle être maintenue? C'est une question qui appelait l'attention du législateur.

106. Personne, en effet, n'ignore les abus auxquels a donné lieu le droit de créer des actions au porteur dès l'origine d'une société. L'action au porteur, d'une négociation si facile, si prompte; qui ne laisse aucune trace de son passage, se prête merveilleusement au jeu et à l'agiotage. Telle personne, qui ne voudrait pas mettre sa signature sur un papier décrié par l'opinion, voit ses scrupules s'évanouir quand son nom doit rester caché. Parmi tous ces souscripteurs, qui s'agitent à l'annonce d'une entreprise nouvelle, combien n'y en a-t-il pas qui n'entrent dans la société que pour en sortir le plus vite possible; qui courent après des bénéfices sans risque; qui attendent tout de la prime des actions, et rien de la société! C'est l'émission des titres qui est devenue le commerce lui-même; c'est sur ces titres, c'est sur des promesses, sur de simples éventualités, avant toute opération sociale, que s'établit la hausse ou la baisse; puis on se retire de cette société, qu'on n'a fait que traverser. pour courir à d'autres spéculations.

107. La commission de la chambre des députés, frappée déjà, en 1838, de ces abus, si favorisés par les actions au porteur, proposa d'en interdire l'émission. Votre commission a été saisie de la même proposition par un amendement de l'honorable M. Millet.

108. La nécessité d'adopter une mesure si radicale ne nous a point été démontrée. L'action au porteur est entrée dans les habitudes commerciales; et renfermée dans de justes bornes, c'est une heureuse conception du crédit. Nous préférons la combinaison présentée par le projet de loi, dans l'article second.

109. Cet article dispose que les actions des sociétés en commandite sont nominatives jusqu'à leur entière libération. La loi se proposant de diminuer l'agiotage et de constituer des sociétés sérieuses, cette disposition rentre dans son esprit. C'est surtout à l'origine des sociétés qu'il faut saisir l'agiotage; car c'est alors que le charlatanisme agit avec succès. On est encore dans l'inconnu, dans la période des illusions et des entraînements; plus tard, le capital sera versé; l'entreprise aura marché; on saura ce qu'elle produit. Or, l'obligation d'être en nom jusqu'au versement de tout le capital, tend évidemment à éloigner des sociétés tous ces actionnaires nomades, qui n'y apparaissant que pour jouer sur les titres, n'apportent aussi à la société qu'un capital factice et une ombre de vitalité.

110. Le projet atteint ce but d'une manière plus directe et plus sûre encore, en disposant, dans l'article troisième, que les souscripteurs d'actions sont responsables du montant intégral de ces actions. Cette disposition a pour elle le droit; elle offre, il est vrai, des inconvénients; mais elle a ce grand avantage, celui qui nous touche surtout, c'est qu'elle attache aux sociétés des commanditaires sérieux, vraiment intéressés à leurs destinées. On n'a pas un capital vraiment souscrit, quand le souscripteur originaire peut se retirer d'une entreprise après un versement partiel; c'est compromettre le succès de la société. Viennent les orages, et ce capital disparaît, s'évanouit, emportant, avec la fortune et la liberté du gérant, la garantie des tiers et des créanciers.

111. Fidèle à cette pensée, votre commission a proposé au conseil d'État de supprimer le second paragraphe de l'article troisième, qui permet de déroger, par des conventions, à cette prescription, jusqu'à concurrence de la moitié de chaque action. Le conseil d'État a adopté cet amendement.

112. La loi n'atteindrait pas son but si elle laissait une liberté complète pour la négociation des titres. Reproduisant des dispositions analogues, qui sont écrites dans les lois du 15 juillet 1845 et du 10 juin 1853, relativement aux actions

des chemins de fer, le projet veut que les actions des commandites ne soient négociables qu'après le versement des deux premiers cinquièmes.

113. Votre commission ne pouvait que donner son assentiment à cette disposition. Elle entend, comme l'exposé des motifs, que la loi ne frappe pas ces actions d'une indisponibilité absolue. Elles peuvent être cédées par tous les modes qu'autorise le droit civil ; ce que la loi interdit, c'est la négociation, c'est la transmission par la voie commerciale.

114. La loi serait vaine si, après avoir déterminé la valeur des actions, leur forme, et leurs conditions d'émission, elle n'attachait pas une sanction pénale à la violation de ces prescriptions. Tel est l'objet des articles 11, 12 et 13 du projet.

115. L'article 11 punit l'émission d'actions ou de coupons d'actions d'une société constituée contrairement aux deux premiers articles de la loi. L'article 12 réprime la négociation d'actions ou de coupons d'actions dont la valeur et la forme seraient contraires aux articles 1 et 2 du projet, ou pour lesquels le versement des deux cinquièmes n'aurait pas été effectué.

116. Le même article atteint la publication de la valeur de ces actions. Votre commission a pensé qu'il convenait d'ajouter l'intermédiaire au publicateur, qu'aucune distinction ne devait être faite entre ces intermédiaires, et qu'il convenait de supprimer l'article 13 du projet, relatif aux agents de change.

117. Le conseil d'État a adopté notre amendement.

118. La partie de la loi que nous venons d'examiner a été l'objet de deux amendements. Le premier, dont l'auteur est l'honorable M. Latour-Dumoulin, et qui porte les signatures de quarante-deux de nos collègues, est ainsi formulé : « Les » sociétés en commandite par actions, ayant pour objet l'achat » et la vente des valeurs industrielles, devront, dans le mois » qui suivra la promulgation de la présente loi, se pourvoir » devant le gouvernement, afin d'être autorisées à se transfor- » mer en sociétés anonymes. »

119. L'honorable M. Latour-Dumoulin ne propose pas, comme on voit, d'interdire à toute société de se former pour l'achat et la vente des valeurs industrielles; ce qu'il veut, c'est qu'une société de cette nature prenne la forme anonyme. Nous faisons remarquer encore que la prohibition ne portant que sur les valeurs industrielles, des sociétés pourraient, dans ce système, s'établir pour l'achat et la vente des effets publics. Enfin, ce n'est pas seulement l'avenir qu'il s'agirait de régler ; ce serait le passé; et s'il existait aujourd'hui des sociétés de cette nature, il faudrait les liquider, et cela, dans le délai d'un mois. Cette dernière considération seule eût été décisive contre l'amendement.

120. Le second amendement, présenté par l'honorable M. Devinck, est ainsi conçu : « Il est interdit aux sociétés en » commandite, dont le capital est divisé en actions au porteur, » de se livrer habituellement aux opérations de bourse qui ont » pour objet l'achat et la vente des effets publics, actions in- » dustrielles ou commerciales. »

121. On voit que ce qui est prohibé par l'amendement, c'est l'habitude des opérations de bourse. Peut-être pourrait-on se demander ce qui constituerait ici l'habitude, comment elle serait constatée, à quelles recherches seraient livrées toutes les sociétés. Mais ne nous arrêtons pas à ces objections de détail, que nous pourrions multiplier; c'est par des considérations plus générales, et d'un autre ordre, que nous avons cru devoir rejeter les deux amendements.

122. Votre commission a rendu justice au sentiment plein de moralité qui les a inspirés ; ce qui a été la pensée dominante de nos honorables collègues, c'est la crainte que de pareilles sociétés ne puissent devenir, à un moment donné, des instruments de jeu et d'agiotage. Votre commission considère que ce serait aller bien loin d'interdire, à raison de ces dangers possibles, l'achat et la vente des effets publics, des actions industrielles, c'est-à-dire de ces titres qu'il est licite de vendre, qui doivent être négociés, dans l'intérêt de l'État, comme dans

celui de ces innombrables porteurs, qui ont besoin d'avoir un marché.

123. Votre commission considère qu'il y aurait quelque chose d'anormal à accorder aux sociétés anonymes ce qu'on refuse aux sociétés en commandite : à permettre aux commandites par actions nominatives, ce qu'on défendrait aux commandites par actions au porteur ; à empêcher qu'une société ne fît ce qu'une banque a le droit de faire tous les jours ; à interdire aux petits capitaux réunis d'opérer comme les gros capitaux.

124. Votre commission considère encore qu'appeler ainsi l'État à la direction du crédit, ce serait lui faire un présent dangereux. Le conseil d'État s'est longtemps refusé à élever les établissements de banque au rang de sociétés anonymes. Les autorisations qu'on accorde dans ce genre sont bien rares encore et une sorte d'exception. La raison est qu'un établissement de finances offre des dangers particuliers, et ne comporte pas une surveillance ordinaire. L'État ne doit être le tuteur des capitaux que dans une mesure bien restreinte ; il les protége contre la fraude , il ne ne les dirige jamais.

125. La loi nouvelle tend à diminuer l'agiotage, en éloignant les joueurs des sociétés en commandite, par la forme des actions, par la responsabilité qu'elle impose aux souscripteurs originaires. Le gouvernement n'est pas allé plus loin ; il n'a proposé aucune mesure qui touche, de près ou de loin, au genre de sociétés, objet des deux amendements. Votre commission en a conclu qu'il n'aperçoit, pour le présent, aucun danger qui doive éveiller la sollicitude des pouvoirs publics ; et il lui a paru qu'il est sage de ne pas le devancer dans cette voie, où ne l'appelle aucune disposition de la loi nouvelle.

DES APPORTS.

126. L'expérience a montré que le public est souvent trompé, à l'origine des sociétés, par la valeur exagérée qu'on

prête aux apports. Tout le monde est d'accord sur le mal; mais les opinions sont bien divergentes sur le remède à y apporter. On était frappé, en 1838, de la facilité que l'action au porteur donne aux partisans de ces fourberies pour en réaliser le fruit, et on crut que ce serait un préservatif si la loi interdisait de donner des actions de la société, en représentation des apports.

127. L'honorable M. Delamarre (Somme) est entré dans cet ordre d'idées, et propose par un amendement que le prix de l'apport consiste toujours dans une part des bénéfices nets de l'entreprise.

128. Le projet de loi produit un système nouveau. Tout associé, qui fait un apport, serait soumis, pendant deux ans, à une action en dommages-intérêts.

129. Votre commission a d'abord constaté une omission dans le projet: on prévoit l'exagération dans les apports; on se tait sur celles des avantages particuliers que le gérant ou les fondateurs stipulent si souvent à leur profit. La combinaison tout entière lui a paru défectueuse, et en voici les motifs. La règle, en matière de droit commun, c'est que les conventions font la loi des parties. La loi y a dérogé pour les mineurs (art. 1305), et jamais pour les majeurs, si ce n'est en cas de partage (art. 887), et en cas de vente (art. 1671), mais seulement au profit du vendeur. On a considéré que celui qui vend un immeuble peut se trouver dans une nécessité pressante; que son consentement peut n'être pas libre, et quand il a subi une lésion, qui excède les sept douzièmes, la loi lui confère une action en rescision. La raison de la loi pour les mineurs s'explique d'elle-même; et quant aux partages, on n'est restituable pour fait de lésion, que parce qu'elle est envisagée comme une erreur de compte.

130. La légèreté de ceux qui souscrivent des actions est quelquefois bien grande; mais il est pourtant impossible que la loi les considère comme des mineurs; que le contrat de société soit l'équivalent d'un acte de partage, et que cet actionnaire, qui apporte son argent dans une société, qui vient libre-

ment adhérer à ses statuts, soit traité comme le vendeur d'une propriété, qui, hésitant entre la ruine ou la honte, finit par opter pour la ruine. Le consentement est ou n'est pas; s'il n'y a pas de liberté, c'est le contrat même qui se trouve anéanti ; l'actionnaire n'a pas droit seulement à une réparation, il a droit à la rescision du contrat, et il faut lui rendre son argent. Voilà la première nouveauté de la loi.

131. Le projet en offre une seconde. L'action résultant de la lésion n'est pas admise par nos lois, quand il s'agit de meubles. On en donna une raison décisive, lors de la discussion du Code : c'est que le prix des meubles est changeant; c'est que ces objets étant soumis à toutes sortes de variations de valeur, il serait impossible de trouver un terme de comparaison assez positif pour établir le prix juste et réel au moment du contrat. L'action serait ici une cause de trouble et d'inquiétude.

132. Reportons-nous maintenant au contrat de société. Le Code Napoléon (art. 1833) laisse aux parties, en fait de mise sociale, la plus large latitude. « Chaque associé, dit-il, doit apporter ou de l'argent, ou d'autres biens, ou une industrie. » C'est là une sphère immense ; elle comprend non-seulement toutes les choses matérielles, mais encore les facultés intelligentes de l'homme, les inventions de son esprit, le travail de ses mains.

133. Le projet ne distinguant pas entre les apports, il suit de là que l'action porterait même sur l'apport mobilier; et quel est le délai de cette action? c'est un délai de deux années.

134. Votre commission est aussi pénétrée que le gouvernement de la nécessité d'un remède à des abus trop fréquents; mais le remède ne doit pas être un mal nouveau. Or, c'est une carrière bien périlleuse que celle dans laquelle entreraient les sociétés. Saisissez, en effet, par la pensée, tout ce qu'un souscripteur mécontent, un concurrent jaloux, pourraient apporter d'entraves dans la marche d'une société; les procès avec leur scandale, les enquêtes et les expertises, avec leurs lenteurs,

avec les pertes qu'elles occasionnent; les jugements même, avec leur incertitude. Comment apprécier, d'une manière sûre, à deux années de distance, la valeur qu'on pouvait attacher, par exemple, à une industrie, au concours d'un individu, à un procédé industriel, à une invention, au moment de la formation d'une société? L'exposé des motifs répond que c'est possible; nous le voulons bien, mais du moins on ne niera pas que cette action, inventée pour ce souscripteur téméraire, qui ne s'est pas donné la peine de s'enquérir, ne soit une source intarissable de difficultés et de procès; et qu'elle ne pèse autant sur les bonnes que sur les mauvaises sociétés.

135. Toutes ces considérations ont frappé, comme nous, quelques-uns de nos collègues; de là des amendements. L'honorable M. Delamarre (Somme) a proposé de restreindre les dispositions de l'article 7 à l'apport des objets matériels; l'honorable M. Dalloz a proposé d'excepter l'apport d'un brevet ou d'une clientèle. Les honorables MM. du Miral et du Marais ont proposé l'expertise. Dans le système de M. du Miral, l'expertise serait facultative : elle serait demandée au tribunal par l'associé qui voudrait se prémunir contre les recherches des intéressés.

136. Votre commission a proposé au conseil d'État une autre combinaison, qui a aussi ses inconvénients, mais qui du moins n'est en opposition avec aucun principe, et n'offre aucun danger. Les actionnaires sont souvent trompés sur la valeur des apports, et sur les avantages que se réservent certains fondateurs de sociétés. Quelle en est la cause? C'est que généralement ils souscrivent plutôt sur la foi d'un prospectus, qu'après examen et sur le vu des statuts. Or, souvent le prospectus, qui exagère la valeur de l'apport social, dissimule, au contraire, celle des avantages. Le contrat se forme ainsi sans réflexion et sans contradiction.

137. Voilà la vraie source des abus; on les diminuerait beaucoup si la loi donnait aux souscripteurs les moyens de vérifier, et si on les mettait, en quelque sorte, en demeure de ne

s'engager qu'après examen et avec maturité. Le souscripteur trompé n'aurait, en tous cas, à s'en prendre qu'à lui-même et à sa légèreté, et le recours lui resterait ouvert pour la fraude et pour le dol.

138. Procédant dans cet ordre d'idées, nous avons proposé qu'une assemblée des actionnaires fût réunie, après la souscription et le versement d'une partie du capital social. L'objet de cette réunion serait de pourvoir aux moyens de faire vérifier la valeur de l'apport et apprécier les avantages particuliers conférés à certains associés. L'assemblée se réunirait de nouveau, après cette vérification ; la majorité prononcerait, et, si elle approuvait l'apport, la société serait constituée.

139. L'amendement de votre commission était ainsi formulé :

« Lorsqu'un associé fait, dans une société en commandite » par actions, un apport en immeubles ou en valeurs autres » que du numéraire, ou qu'il stipule à son profit des avantages » particuliers, l'évaluation de cet apport et l'appréciation de » ces avantages sont faites avant toute opération sociale.

» L'assemblée générale des actionnaires, convoquée à cet » effet, nomme une commission de contrôle, composée de » trois membres.

» Il est adjoint à cette commission un ou plusieurs experts » étrangers à la société, et nommés à la requête de la partie la » plus diligente, et aux frais de la société, par le président » du tribunal civil.

» Cette commission fait un rapport sur lequel, en cas de » désaccord, chaque membre doit exprimer séparément son » opinion personnelle. Ce rapport est discuté dans une nou- » velle assemblée d'actionnaires. L'assemblée approuve ou re- » jette l'apport à la majorité des voix ; dans le cas d'approba- » tion, la société est définitivement constituée.

» Le rapport de la commission de contrôle est remis signé » au gérant, pour être déposé dans les archives de la société.

» Les procès-verbaux des deux délibérations sont annexés à » l'acte de sa société.

» L'associé qui a fait l'apport assiste aux deux assemblées, » mais n'a pas voix délibérative. »

140. Cette combinaison n'a aucun des inconvénients qu'entraîne le projet de loi ; l'acquiescement de l'associé est sérieux, donné en connaissance de cause; c'est en un mot la vérité substituée à la fiction. Cette vérification apporterait, il est vrai, un certain retard dans la formation des sociétés, mais, le danger, à l'origine d'une société, n'est pas dans la lenteur; il est plutôt dans la précipitation. Aujourd'hui une pareille mesure serait souvent illusoire, et le gérant aurait trop de moyens de surprendre l'approbation des souscripteurs. Le régime nouveau des sociétés offrirait, sous ce rapport, une garantie qu'il ne faut pas oublier. Le gérant, en effet, se trouverait en présence, non plus d'une majorité souvent fictive et complaisante, mais d'actionnaires sérieux, porteurs d'actions nominatives, et responsable du payement intégral des actions. Cet amendement, qui offrait peut-être l'inconvénient de contenir des formes de vérification trop arrêtées, n'a point été accueilli par le conseil d'État.

141. Votre commission, qui, à l'unanimité, était défavorable à l'article 7 du projet, a cru devoir en appeler de nouveau à la sagesse du conseil d'État, et elle lui a présenté l'amendement suivant :

« Lorsqu'un associé fait, dans une société en commandite » par actions, un apport autre qu'en numéraire, ou stipule à » son profit des avantages particuliers, l'assemblée générale » des actionnaires en fera vérifier et apprécier la valeur.

» La société ne sera définitivement constituée qu'après ap- » probation dans une assemblée ultérieure. »

142. Votre commission a cru devoir déléguer son honorable président et deux de ses membres, pour exposer au conseil

d'État les motifs de cet amendement. Le conseil d'État a été touché des considérations graves sur lesquelles il se fondait; et, d'un commun accord, une disposition nouvelle a été introduite dans la loi.

DES CONSEILS DE SURVEILLANCE.

143. Le gérant, dans la commandite, est la personnification de la société. C'est en son nom que se fait tout le négoce, et c'est aussi lui seul qui est responsable. Cachés sous le voile de l'anonyme, les simples commanditaires forment une association de capitaux; le gérant donne le mouvement à ces fonds; il les fait fructifier par son intelligence, par son activité; et sa responsabilité vient fortifier la confiance qui repose déjà sur la richesse de la société.

144. L'omnipotence du gérant, quand il est inhabile ou infidèle, peut entraîner la perte de la société. La loi désarme-t-elle les associés? devront-ils assister, impuissants, à la ruine de l'entreprise, sans pouvoir prendre les mesures que réclame le salut commun? La raison dit assez qu'ils ont le droit d'exercer sur la gestion une surveillance profitable à l'intérêt social et à l'intérêt des créanciers. De là, l'habitude de créer dans les sociétés des commissions, généralement connues sous le nom de conseils de surveillance. C'est le contrôle à côté de l'action; voilà du moins ce qui devrait être, mais ce qui est quelquefois une déception.

145. Le conseil de surveillance n'est, en effet, trop souvent qu'une décoration pour la société, une invitation à souscrire, un appel à la confiance. Le gérant a grand soin d'en choisir les membres, dans le contrat même de la société. L'entreprise se fonde, et l'actionnaire crédule, que certains noms avaient séduit, voit plus tard, dans ces mandataires imposés, rarement des hommes pénétrés du sentiment de leur mission, quelquefois des complaisants, le plus souvent des surveillants sans vigilance, ou ne se permettant qu'avec crainte le plus

légitime contrôle. Toute carrière reste ainsi ouverte aux erreurs, aux fautes des gérants ; et ce qui devrait être une garantie, et de la bonne gestion et de la conservation des capitaux de la société, tend de jour en jour à devenir une institution vaine.

146. Tout le monde est frappé de ces abus, et la partie de la loi qui a pour but de les atteindre est celle qui a fait naître le plus d'amendements présentés à la commission. Tantôt, c'est le pouvoir du gérant qu'on proposait de restreindre ou d'entourer de nouvelles garanties, tantôt, c'est aux conseils de surveillance qu'on demandait des gages. Ainsi l'honorable M. du Miral voudrait que le gérant fût propriétaire, sauf une exception, du vingtième du capital ; l'honorable M. Delapalme propose qu'il soit tenu d'immobiliser un certain nombre d'actions libérées. L'honorable M. Jubinal est d'avis que le même individu ne puisse être gérant à la fois de plusieurs sociétés en commandite.

147. MM. Delapalme, du Miral, Delamarre (Somme) astreindraient à la même obligation d'être propriétaires d'un certain nombre d'actions, les membres du conseil de surveillance. L'honorable colonel du Marais propose que le choix d'un membre appartienne au préfet du département où se trouve le principal établissement de la société. L'honorable M. Delamarre (Somme) estime que les conseils de surveillance doivent exercer les investigations les plus minutieuses sur tous les actes de la gérance, et propose de supprimer pour eux la pénalité, prononcée par l'article 28 du Code de commerce, pour cause d'immixtion dans les opérations de la société. L'honorable M. Jubinal a proposé d'établir au ministère du commerce un corps de commissaires des commandites, qui auraient pour mission la surveillance des sociétés.

148. Votre commission s'est nettement refusée à entrer dans cet ordre d'idées et de combinaisons. Les avantages qu'elles présentent ne lui ont point échappé. Il est bon que le gérant soit attaché, par un intérêt fixe et permanent, à la bonne

administration et au succès de la société. Le conseil de surveillance offrirait aussi plus de garanties, si une partie de la propriété sociale résidait dans les membres qui le composent; mais la loi se trouverait ici entre deux écueils. Fixer la part du gérant et celle des membres du conseil de surveillance à un chiffre trop faible, c'est s'exposer à rendre la précaution illusoire; l'élever trop haut, c'est se priver peut-être de concours utiles. Votre commission a pensé que la loi n'avait point à intervenir dans cés sortes de stipulations; bien d'autres clauses des actes de société offrent aussi matière à des abus; et la loi qui voudrait tous les prévoir et les réprimer tous, serait une loi aussi vaine que contraire à la liberté des transactions.

149. Votre commission n'a pas voulu davantage toucher à la gérance. La puissance du gérant a ses inconvénients, mais elle tient indissolublement à sa responsabilité, et si vous supprimez cette responsabilité, ce n'est plus une société en commandite qui reste; c'est une sorte de société anonyme, sans les garanties que lui donne l'intervention de l'État. La pénalité attachée à l'immixtion est un autre principe de droit et d'ordre public. Le commanditaire jouit de la faveur de ne pouvoir être recherché que jusqu'à concurrence de sa mise, parce que devant le public il n'a engagé que ses fonds. Pourquoi ne serait-il pas responsable s'il vient à franchir cette limite, s'il administre, et s'il offre sa personne aux tiers, comme source de crédit, comme cause de confiance? On est aujourd'hui frappé du pouvoir du gérant; quand on discuta le Code de commerce, on l'était beaucoup de l'abus contraire. Des commanditaires, dirigeant la société sous le voile d'un mandat, mettaient à la gérance un prête-nom, et renversaient par là les garanties et les combinaisons de la commandite.

150. Tous ces sytèmes écartés, reste le projet du gouvernement. La lói exige que chaque société soit pourvue d'un conseil de surveillance, composé de cinq membres. Ce conseil doit être nommé, non plus par les fondateurs de la société, mais par les actionnaires réunis en assemblée générale. La

nomination doit suivre immédiatement la constitution définitive de la société, et précéder toute opération sociale. On doit le réélire tous les cinq ans au moins.

Votre commission, estimant qu'il pourrait être difficile, pour certaines sociétés, de constituer un conseil de surveillance composé de cinq membres, a proposé au conseil d'État de réduire ce nombre à trois membres, pour minimum. Elle avait pensé aussi qu'il serait utile de soumettre le conseil à une réélection, à la fin de la première année. On ne se connaît pas encore quand la première assemblée se réunit; c'est un peu au hasard qu'on procède dans l'élection, et le gérant a trop de facilités pour présenter ses candidats. Plus tard, l'entreprise a marché; on a pu apprécier. Le conseil d'État, saisi de ces amendements, a rejeté le minimum de trois membres, et accueilli le second amendement.

151. Toute société en commandite par actions doit donc être pourvue d'un conseil de surveillance.

152. L'article 8 du projet détermine les attributions de ces conseils. Vérifier les livres, la caisse, le portefeuille et les valeurs de la société, voilà leur droit, et leur devoir. Le projet ajoutait : « Ils surveillent les inventaires, et s'opposent à ce » qu'il soit distribué des dividendes fictifs. » Votre commission a proposé d'y substituer la rédaction suivante, que le conseil d'État a adoptée : « Ils font chaque année un rapport à » l'assemblée générale sur les inventaires et sur les proposi- » tions de dividendes faites par le gérant. »

Le rôle du conseil de surveillance nous a paru, de cette manière, plus nettement déterminé. La loi n'entend pas, en effet, que le conseil de surveillance soit partie active dans la confection de l'inventaire, qu'il en puisse changer les bases, qu'il en fasse ce qu'on appelle le règlement. C'est un contrôle qui lui appartient; si l'inventaire ne lui paraît pas exact, il en appelle, par son rapport, à l'assemblée générale, qui juge.

153. Les membres du conseil de surveillance peuvent être, selon les articles 6 et 10 du projet, soumis à deux sortes de

pénalités. Les premières, prévues par l'article 6, découlent de l'inobservation des règles prescrites pour la constitution des sociétés. Tout intéressé a le droit de demander la nullité de ces sociétés; et, lorsqu'elle est prononcée, les membres du conseil de surveillance peuvent être déclarés responsables des opérations faites après leur nomination.

154. Cet article n'a rencontré aucune opposition. La vérification, que doit faire le conseil de surveillance, est simple : le chiffre des actions est-il conforme à la loi? le capital social est-il intégralement souscrit? la déclaration du gérant contate-t-elle que le quart en numéraire est réalisé, etc., etc.? Nulle difficulté, sous ce premier rapport.

155. L'article 10 du projet édicte des pénalités, qui tiennent à un autre ordre d'idées. Votre commission avait proposé au conseil d'État de l'amender de la manière suivante :

« *Tout membre* d'un conseil de surveillance est respon-
» sable avec les gérants solidairement et par corps :
» 1° Lorsque sciemment il a laissé commettre dans les inven-
» taires des *énonciations ou omissions frauduleuses*, préjudi-
» ciables à la société ou aux tiers;
» 2° Lorsqu'il a, en connaissance de cause, consenti à la
» distribution de dividendes qu'il savait n'être pas justifiés
» par inventaires. »

156. La substitution des mots *tout membre* à ceux-ci : *les membres du conseil de surveillance*, avait pour but de mieux indiquer que, dans l'esprit de la loi, chaque membre n'était responsable que de son fait personnel, ce qui d'ailleurs était aussi la pensée du conseil d'État.

157. Cet amendement n'a été adopté qu'en partie, et l'article 10 s'est trouvé ainsi rédigé définitivement :

« Tout membre d'un conseil de surveillance est responsable
» avec les gérants, solidairement et par corps :
» 1° Lorsque sciemment il a laissé commettre dans les

» inventaires des inexactitudes graves, préjudiciables à la so-
» ciété ou aux tiers;

» 2° Lorsqu'il a, en connaissance de cause, consenti à la » distribution de dividendes non justifiés par des inventaires » sincères et réguliers. »

158. Les dispositions de l'article 10 paraissent avoir produit quelque émotion. On s'en préoccupe pour les gérants et pour les sociétés; on signale les entraves qu'une surveillance minutieuse et tracassière peut apporter à la gestion; on craint que la responsabilité attachée aux fonctions des conseils de surveillance ne produise l'effet contraire à celui qu'on attend, qu'elle n'éloigne les hommes sérieux. Voyons ce qu'il y a de fondé dans ces craintes.

159. Votre commission constate d'abord que la loi n'apporte aucun changement ni aux attributions, ni aux devoirs des conseils de surveillance. La loi ne crée pas : elle déclare, elle rappelle des obligations, trop oubliées et trop méconnues. Les commanditaires ont toujours eu le droit de surveiller la gestion, et de déléguer ce droit à ceux des associés qui jouissaient de leur confiance. La surveillance est un mandat qui impose des devoirs. Les attributions existaient, mais elles n'étaient ni définies ni précisées; on ne les exerçait qu'avec inquiétude, on redoutait de s'immiscer dans la gestion; la loi éclaire, et, sous ce premier rapport, elle est bien plus propre à donner la confiance et la sécurité qu'à inspirer la crainte.

160. L'esprit de la loi n'est pas davantage un esprit hostile à l'autorité du gérant. La loi n'admet pas que le conseil de surveillance puisse participer aux actes de gestion extérieurs et patents; là serait cette confusion, qui amène la pénalité prononcée contre tout associé qui s'immisce dans l'administration. La loi n'admet pas même une intervention, pour ainsi dire domestique, dans la direction pratique et journalière des affaires. Un gérant n'est pas libre, quand un conseil d'intéressés lui trace la marche à suivre, prend part, à chaque in-

stant, à ses opérations, indique celles qui sont à faire, lui demande compte de ses projets, de ses relations, de ses secrets de fabrication. Le conseil de surveillance a le contrôle, le conseil; il n'a pas la conduite.

161. Parlons maintenant de la pénalité. Les abus qu'elle réprime sont-ils réels? tombe-t-elle sur ceux qu'elle doit justement frapper? peut-elle être un motif pour les hommes sérieux de déserter les conseils de surveillance?

162. Les abus? ils sont flagrants! Une des tromperies dont le public est victime, n'est-ce pas l'infidélité dans les inventaires, la distribution, sous dénominations diverses, de bénéfices fictifs? Ce qui attire le souscripteur, c'est l'espérance des profits; et quiconque a lu un prospectus, sait tout ce qu'on lui en promet. La société marche, elle n'a pas de bénéfices; mais on est encore près de l'origine; il faut tenir sa promesse, et l'on paye un dividende. On publie ces inventaires mensongers; le public séduit court acheter des actions; il s'opère une hausse factice, qui trompe les acheteurs, qui inspire confiance aux créanciers. Comment y est-on parvenu? en prenant sur le capital, en ruinant la société!

163. Voilà ce que la loi veut réprimer; et pour cela, ce n'est pas seulement au gérant qu'elle s'adresse; c'est à ce membre du conseil de surveillance qui, sachant que l'inventaire n'est pas fidèle, en atteste pourtant la vérité et à ses mandants et au public; qui, sachant que la société est en perte, ne proteste pas dans son rapport contre ces dividendes fictifs.

164. Remarquez que la loi ne punit pas la simple ignorance, la simple négligence; c'est la science, c'est la mauvaise intention, c'est le dol; et tout cela quand il s'agit d'omissions ou d'énonciations graves dans l'inventaire. Ainsi disparaissent ces objections tirées de la difficulté d'établir un inventaire exact, d'en vérifier les éléments variables et sujets à erreur; encore une fois, c'est la connaissance, c'est l'intention qui est le point de départ de la responsabilité.

165. Cette responsabilité doit déplaire aux surveillants de

complaisance, à ces hommes que le gérant choisit pour ne rien voir et approuver tout. Plaise à Dieu que la loi éloigne ceux-là des conseils de surveillance! Mais qu'elle puisse inquiéter, décourager les hommes sérieux ; qu'elle amène dans les commandites le règne des mercenaires, parce qu'il ne sera pas licite d'apposer sciemment son nom au bas d'un inventaire frauduleux, voilà ce que notre raison se refuse à comprendre. Laissez agir les intérêts; lorsque seront en présence, non plus des actionnaires d'un jour, que le gérant aura recrutés, mais des souscripteurs, dont on saura les noms, qui auront versé déjà le quart de leur souscription, qui seront responsables, ces intéressés trouveront bien entre eux cinq hommes honorables pour veiller à la conservation de la propriété commune. Ceux-là ne seront pas effrayés de ce que la loi punit les inventaires mensongers; car ils ne seront pas les créatures du gérant, et ce sera leur intérêt d'en obtenir de fidèles. Les sociétés auront ainsi la garantie d'un vrai contrôle.

166. Votre commission vous a parlé jusqu'à présent des sociétés à venir. Le projet atteint aussi les sociétés antérieures à la loi, et l'article 15 dispose que ces sociétés devront, dans le délai de six mois, constituer un conseil de surveillance.

167. Cette disposition a paru, en général, entachée d'un vice de rétroactivité, et on s'est inquiété du trouble qu'elle allait amener dans les sociétés existantes. C'est à une réorganisation de tous les conseils de surveillance, souvent à une révision des statuts sociaux, qu'il s'agissait de procéder, et cela dans un court délai! Les inconvénients de cette mesure ont frappé beaucoup d'esprits, et l'honorable M. le Comte (Côtes-du-Nord) a proposé de la restreindre aux sociétés en commandite qui n'ont pas actuellement de conseils de surveillance.

168. La majorité de votre commission avait cru devoir proposer au conseil d'État la suppression pure et simple de l'article tout entier. Il lui paraissait que les conseils de surveillance actuels tombaient de plein droit sous l'empire de la loi nouvelle, en ce qui concerne et leurs attributions et leur respon-

sabilité. Restait la réorganisation matérielle des conseils, et elle y voyait beaucoup d'inconvénients et peu d'utilité.

169. Le conseil d'État n'yant pas adopté cet amendement, votre commission en a présenté un second, et proposé que l'obligation de constituer les nouveaux conseils de surveillance ne fût imposée qu'aux sociétés non pourvues de conseils, et que le tribunal pût accorder un délai, selon les circonstances. Cet amendement a été adopté par le conseil d'État.

SANCTIONS PÉNALES.

170. Le gérant d'une société en commandite, qui distribue des dividendes fictifs, est soumis, à l'égard de la société et des tiers, à une responsabilité que prévoit l'article 10 du projet de loi. Votre commission a pensé que cette fraude mérite une répression d'un ordre différent, et elle a proposé par un amendement d'y appliquer la peine prononcée par l'article 405 du Code pénal.

171. D'autres faits lui ont paru encore devoir être frappés de la même pénalité. Ainsi le gérant qui, simulant des souscriptions, attire des actionnaires; l'individu qui, dans le même but, publie, de mauvaise foi et contrairement à la vérité, les noms de personnes qui doivent être attachées à la société, commet de véritables délits. Nous avons proposé de leur appliquer le même article du Code pénal. Le conseil d'État a adopté cet amendement qui forme l'article 13 du projet nouveau.

172. Ces dispositions ont paru suffisantes à votre commission : et elle n'a pas cru devoir accueillir un amendement de l'honorable M. Jubinal, qui proposait d'interdire la publication des annonces et prospectus de sociétés en commandite, par la voie des journaux, avant la constitution définitive de ces sociétés.

DES ACTIONS JUDICIAIRES.

173. Les contestations qui s'élèvent dans le sein des sociétés ont indiqué la nécessité d'une réforme. Le nombre des parties, la difficulté de les connaître, l'éloignement des domiciles, entraînent des frais, des lenteurs, des embarras considérables. L'article 14 du projet a pour but de simplifier les formes de procéder en justice. Votre commission n'a pu qu'applaudir aux motifs développés dans l'exposé du conseil d'État; et elle a adopté les dispositions qu'il propose.

Messieurs,

174. Votre commission arrive au terme de la tâche que vous lui avez confiée. Permettez-nous de résumer ce travail, en peu de mots.

175. Le Code civil et le Code de commerce ont organisé le contrat de société; la loi nouvelle ne porte aucune atteinte, directe ou indirecte, à cette organisation. Même faculté de choisir entre les formes diverses d'association ; même droit de régler les conditions du contrat. La société en commandite conserve sa constitution, avec l'autorité de son gérant responsable; avec le droit pour l'associé commanditaire de surveiller la gestion; en un mot l'édifice de liberté industrielle élevé par nos Codes, reste debout tout entier.

176. Que fait donc la loi nouvelle? Elle prévient la fraude; elle la saisit sous quelques-unes de ses formes les plus habituelles; elle oblige les fondateurs de sociétés à la sagesse et à l'honnêteté; elle invite les actionnaires à l'examen et à la prudence; elle protége les petits capitaux; elle diminue et réprime l'agiotage; elle atteint les bénéfices illicites; elle entrave la création des sociétés frauduleuses; elle institue une surveillance efficace; elle tend à substituer, autant que possible, la vérité et la loyauté, au dol et au mensonge.

177. La loi cependant ne pouvait oublier que les associés en

commandite ne sont pas des mineurs, et qu'il s'agit d'un contrat dont la liberté est l'âme. La loi fait beaucoup, quand elle punit l'escroquerie, quand elle prévient la tromperie sur le fonds social; quand elle empêche que le public ne soit dupé par de faux inventaires, par la distribution de dividendes fictifs. C'est aux actionnaires à faire le reste; à user des moyens que leur offrent et les lois anciennes et la loi nouvelle; à être sages et circonspects; à ne pas traiter en étourdis; à ne pas tant croire aux gros dividendes, aux miracles des actions; à ne pas rêver des millions, sur la foi des prospectus.

178. Le public doit se persuader que c'est à lui à bien faire ses affaires, qu'il est plus puissant que la loi, pour prévenir la fraude; il faut qu'il soit bien convaincu que dans une forme de société où le gérant est et doit être omnipotent, il n'y pas de sécurité, il n'y a pas de prospérité, il n'y a pas d'avenir, quand le gérant est inhabile ou malhonnête; c'est à ces conditions seules que les sociétés peuvent prospérer.

179. Votre commission vous propose d'adopter le projet de loi.

SÉANCE DU CORPS LÉGISLATIF.

Lundi 30 *juin* 1856.

PRÉSIDENCE DE M. LE COMTE DE MORNY.

180. L'ordre du jour appelle la discussion du projet de loi relatif aux sociétés en commandite par actions, projet dont plusieurs articles ont été modifiés d'accord par la commission et le conseil d'État.

181. M. Baroche, président du conseil d'État, MM. Vuillefroy, président de section, et Duvergier, conseiller d'État, siégent au banc des commissaires du gouvernement.

182. M. Koenigswarter a la parole contre le projet de loi. Il dit qu'une profonde conviction a pu seule le déterminer à combattre un projet que la commission du corps législatif propose d'adopter. Il sait qu'il n'est pas probable que la chambre veuille se décider au rejet d'un projet de loi; il se rappelle qu'une seule commission a conclu au rejet d'un projet et que la chambre n'a pas suivi la commission dans cette voie. L'honorable membre ajoute que l'on peut d'ailleurs, jusqu'à un certain point, trouver étrange l'opposition à un projet qui se présente sous un aspect séduisant, puisqu'il annonce l'intention de faire cesser de graves abus, de supprimer la fraude, le dol, de donner une éclatante satisfaction à la morale publique. Malgré tout cela, l'orateur déclare qu'il lui serait impossible de s'associer au vote d'adoption qui va sans doute être émis. L'honorable membre prévoit ce vote, mais il craint que la loi qui en sortira n'ait de très-graves et très-regrettables conséquences.

183. Avant d'indiquer la principale objection que, selon lui, soulève le projet, l'orateur demande à s'arrêter quelques moments sur les dispositions des articles 1 et 2. Le premier paragraphe de l'article 1er porte que les actions devront être de 500 fr. dans toute société dont le capital excédera 200,000 fr. C'est seulement pour un capital n'excédant pas 200,000 fr. que les actions pourront être de 100 francs, et jamais le chiffre des actions ne pourra être moindre. L'orateur croit que dans des villes comme Paris, Lyon, Marseille, Bordeaux, et on pourrait en citer plusieurs autres, des affaires d'un million sont de petites affaires. Il eût donc désiré que les actions de 100 fr. fussent permises pour un capital bien supérieur à celui qu'indique à cet égard le projet. Selon lui, il eût été bon de donner aux petits capitalistes l'occasion de placer leurs économies en actions industrielles de 100 fr. Le chiffre de 500 fr. est déjà un chiffre aristocratique, et les petites bourses ne pourront pas plus prétendre aux actions de 500 fr. qu'elles ne prétendent aux actions des chemins de fer.

184. Aux termes de l'article 2 les actions des sociétés en commandite devront rester nominatives jusqu'à leur entière libération. L'orateur croit que cette disposition aura des inconvénients graves ; à son avis, les actions auraient pu être converties en titres au porteur aussitôt après le versement de moitié du capital. L'exposé des motifs et le rapport de la commission rendent justice à l'utilité des sociétés en commandite ; ils en proclament même la nécessité ; ils indiquent les services que ces sociétés ont rendus ; et pourtant l'exposé des motifs et le rapport appellent sur ces sociétés des sévérités très-grandes. Oui sans doute, il fallait réprimer la fraude ; oui, des abus se sont produits ; on a bien fait de vouloir les faire cesser, et l'orateur applaudit à plusieurs dispositions proposées dans ce but. Mais l'honorable membre croit qu'avec la louable intention de faire disparaître les abus, on s'est arrêté à des dispositions dont le résultat sera la destruction des bonnes sociétés en commandite.

185. L'orateur passe ensuite aux articles 7 et 10, à l'égard desquels surtout il est en désaccord avec la commission. Quelle est la situation actuelle des sociétés en commandite? Quel a été le principal inconvénient de ces sociétés? En général, les actionnaires des commandites n'ont aujourd'hui que très-peu de garanties. Quant à l'administration du gérant, sur cent conseils de surveillance, l'orateur croit qu'il y en a peut-être quatre-vingts qui s'appliquent à surveiller le moins possible; c'est qu'ils sont effrayés par les termes des articles 27 et 28 du code de commerce; ils craignent que l'acte le plus insignifiant de leur part ne soit considéré comme une immixtion dans la gérance et ne les rende responsables; de là leur tendance à laisser le gérant agir comme il l'entend. Quand les membres du conseil de surveillance commencent à voir que l'affaire va mal, quand ils songent qu'il peut y avoir lieu pour eux d'intervenir, déjà il est trop tard. Et d'ailleurs ils sont souvent arrêtés par une difficulté de fait : pour convoquer une assemblée générale, il faut l'assentiment du gérant; quand le gérant s'y refuse, le conseil de surveillance est réduit à l'inaction.

186. L'honorable membre dit qu'il fallait évidemment remédier à cela; qu'il fallait créer des conseils exerçant une surveillance effective et ne craignant pas de l'exercer. Pour cela, que devait-on faire? Selon l'orateur, on devait rendre complétement irresponsable la situation des membres des conseils de surveillance. A son avis, des hommes honorables, des hommes sérieux, ayant quelque chose à perdre en fortune et en considération, ne se soumettent pas volontiers au danger de la responsabilité; ils sont incessamment poursuivis par la pensée qu'ils peuvent devenir responsables. En les rendant complétement irresponsables, on eût été sûr d'avoir la coopération d'hommes offrant par leur honorabilité les meilleures garanties morales. Selon l'orateur, le projet de loi, au lieu de procéder ainsi, aggrave tellement la situation des membres des conseils de surveillance, que personne, pour ainsi dire, ne voudrait à l'avenir consentir à l'être.

187. Si l'on objecte que les cas où le membre du conseil de surveillance pourra être rendu responsable sont clairement indiqués, l'honorable membre concédera que cela peut se soutenir pour l'article 7, et qu'un homme très-prudent pourra parvenir à éviter l'application de cet article; mais ce qu'il ne peut admettre, c'est la disposition de l'article 10, aux termes duquel tout membre du conseil de surveillance est responsable lorsqu'il a laissé commettre dans les inventaires des inexactitudes graves, etc. L'orateur demande quel est l'inventaire qui pourrait être dressé de manière à donner l'entière conviction que plus tard, après six mois, après un an, les membres du conseil de surveillance ne seraient pas pour ce fait à la merci de la malveillance d'un actionnaire. Un procès est toujours possible. Le membre du conseil de surveillance pourra le gagner, mais il aura eu à le subir. Cela suffit, selon l'honorable membre, pour que les gérants les plus consciencieux et les plus honorables soient désormais dans l'impossibilité de trouver pour les conseils de surveillance des hommes ayant une position élevée et jouissant d'une considération incontestée. Ces gérants seront réduits à chercher parmi les actionnaires des personnes plus ou moins bien placées, auxquelles ils seront obligés de donner une part de bénéfices. L'orateur dit qu'il y a quelques jours cela s'est présenté à Paris dans l'assemblée générale d'une commandite assez importante; le gérant a déclaré qu'il était obligé de proposer, dans la prévision du vote du projet de loi, que les membres du conseil de surveillance eussent à l'avenir 5 p. 100 dans les bénéfices. Or, si cela s'établissait, toute indépendance des conseils de surveillance serait supprimée. Les membres de ces conseils deviendraient plus ou moins des serviteurs du gérant, ils ne pourraient plus prétendre à exercer sur ses actes une surveillance indépendante. Après avoir parlé des gérants consciencieux et honnêtes, l'honorable membre croit qu'il convient de prévoir ce que feraient les autres. Selon lui, ils ne manqueraient pas de faire nommer membres du conseil de surveillance leurs créatures, des hommes à leur entière

dévotion. L'orateur croit qu'aussitôt après le vote de la loi, beaucoup de membres de conseils de surveillance donneront leur démission; ils s'empresseront de se retirer, parce qu'il leur serait désormais impossible de dormir tranquilles. Des inventaires parfaitement loyaux et exacts peuvent, par suite de circonstances postérieures, paraître avoir été fictifs. Quel homme honorable voudra s'exposer au danger d'être recherché au sujet de ces inventaires? En définitive, sur ce point, l'orateur déclare que, si les actionnaires ont actuellement quelque peu de garanties, ces garanties auront complétement disparu dès que la loi sera votée.

188. Le rapport et l'exposé des motifs ont, selon l'honorable membre, parlé avec trop de sévérité des sociétés en commandite. S'il voulait dire tout ce qu'il sait, il se ferait fort de prouver que les sociétés anonymes ont donné lieu à plus d'abus que les sociétés en commandite. Mais il ne veut pas insister sur ce point. Il se bornera à dire que les sociétés anonymes ont vu avec grand plaisir la présentation du projet de loi. Ces sociétés, jusque dans ces derniers temps, avaient joui d'une sorte de monopole et ne craignaient pas de concurrence. Mais tout récemment de grands capitaux se sont réunis en sociétés en commandite et sont venus menacer ce monopole. Les sociétés anonymes ont donc vu avec grand plaisir la présentation d'un projet de loi qui rend les grandes sociétés en commandite impossibles.

189. En résumé, dans l'opinion de l'honorable membre, la nouvelle loi portera la perturbation dans les affaires sérieuses, et rendra impossible la création de sociétés nouvelles; elle créera un monopole nouveau au profit des grands capitaux et au détriment des petits. L'orateur croit que cette loi n'a pas l'assentiment des hommes pratiques : il est convaincu qu'elle ne pourra pas vivre, et qu'à une époque plus ou moins prochaine, le gouvernement sera obligé de venir lui-même en demander la modification.

190. M. Morin déclare qu'il votera contre le projet de loi ;

ce ne sera pas sans regret, car il en approuve plusieurs dispositions; mais, dans son opinion, ce projet peut porter atteinte à l'esprit d'association. L'esprit d'association repose sur les efforts de deux classes d'hommes, les capitalistes sérieux et prudents qui font passer la sécurité avant les grands bénéfices, et les capitalistes plus entreprenants qui aiment la mobilité des capitaux et les chances brillantes. Or, dans quelles circonstances le projet de loi est-il présenté? Dans un moment où l'opinion publique se montre quelque peu hostile à cette deuxième classe de capitalistes. Il y a vingt ans, on disait que l'esprit d'association n'existait pas en France, et, en effet, à cette époque, les compagnies se refusaient aux chemins de fer, les capitaux aux compagnies. Fallait-il donc alors que le gouvernement fît tout, les capitaux ne voulant rien faire? On aurait eu tort de tirer cette conclusion. De même aujourd'hui, parce que quelques sociétés, fondées sans garanties suffisantes, ont fait des dupes, faut-il réagir contre l'esprit d'association? L'honorable membre ne le pense pas. Il veut donc traiter la question en dehors des préoccupations du moment.

191. Les associations vivent, en Angleterre, sous le régime de la liberté. Dans ce pays, les grandes sociétés privilégiées sont peu nombreuses; les sociétés ordinaires se forment par contrats libres, par la seule volonté des parties, et la responsabilité est personnelle. Ce système, approprié à la situation industrielle de l'Angleterre, ne serait pas, selon l'orateur, applicable en France. L'association, en France, prend trois formes distinctes; il y a d'abord la société en nom collectif, association parfaite, suivant l'honorable membre, car elle est à la fois association de personnes et de capitaux; c'est celle qui inspire la plus grande confiance, mais qui impose la plus grande responsabilité; elle ne peut s'établir qu'entre un petit nombre d'associés. Il y a ensuite la société anonyme, société impersonnelle, société de capitaux seulement. Ce genre d'association est l'objet des faveurs de la loi; des priviléges y sont attachés: les associés sont absolument irresponsables, ils ont

la gestion indirecte de la société, car le gérant est révocable à volonté; les assemblées générales sont toutes puissantes. Entre ces deux sortes d'association, beaucoup d'autres seraient possibles; la loi française n'en reconnait qu'une seule, la société en commandite, qui n'était pas destinée d'abord à l'extension que le cours naturel des choses lui a fait prendre, et qui est venu combler peu à peu la lacune qui existait entre la société anonyme et la société en nom collectif.

192. Les sociétés en commandite ont donné lieu à quelques abus; des noms honorables ont servi quelquefois d'appât pour attirer les actionnaires; les membres des conseils de surveillance ne se sont pas toujours occupés sérieusement des affaires de la société. Des actionnaires ont été trompés. De là une réaction contre cette forme de l'association; de là la présentation du projet de loi. Dans ce projet, deux parts sont à faire: il y en a une qui paraît excellente à l'orateur. elle comprend toutes les dispositions qui ont pour but de donner plus de régularité à l'émission des actions, plus de sécurité pour les versements, plus d'autorité aux conseils de surveillance; mais d'autres dispositions imposent aux membres des conseils de surveillance de tels devoirs, une responsabilité si grande, que les hommes honorables, haut placés, qui acceptaient ces fonctions, seront portés à les décliner désormais. Cette partie de la loi, l'orateur ne saurait l'accepter. Mais pourquoi, dira-t-on, ces hommes entrent-ils dans des conseils de surveillance sans vouloir en remplir les obligations? La loi les forcera à les remplir plus sérieusement, voilà tout. L'orateur serait le premier à s'applaudir de ce résultat, si la loi pouvait forcer les hommes honorables à accepter les fonctions de membres d'un conseil de surveillance; mais ils les refuseront, et l'effet de la loi sera de les refouler vers les sociétés anonymes. Les sociétés en commandite pourront donc se trouver réduites à accepter pour membres de leurs conseils de surveillance des hommes qui n'offriront pas toujours les garanties désirables. Les hommes de tout point honorables n'hésiteraient pas, au con-

traire, à y entrer, si les devoirs qui leur sont imposés étaient plus faciles à remplir. Les en éloigner, c'est priver les actionnaires d'une garantie.

193. Le préopinant a dit que le projet de loi créait une sorte d'aristocratie parmi les capitaux. L'orateur regrette également que le projet paraisse vouloir repousser les petits capitaux de l'association, et les diriger exclusivement vers la caisse d'épargne et vers la rente. Pourquoi détourner à peu près absolument des actions industrielles, qui donnent un revenu plus élevé, les économies de l'ouvrier et du domestique? Il y a quelques années, on disait aux ouvriers que le salaire n'était pas pour eux un mode de rétribution suffisant, qu'ils devaient demander l'association avec leurs patrons. L'expérience a prouvé que ce système était inadmissible. Le salaire est en effet préférable pour l'ouvrier qui n'a pas d'autre moyen d'existence. Mais celui qui a quelques économies à placer, pourquoi ne pourrait-il pas courir les chances des entreprises industrielles? C'est pour le protéger, dit-on, que la loi veut l'en éloigner. Mais pourquoi le traiter en mineur et ne pas lui laisser la chance de gagner une certaine aisance?

194. Toutes les fois qu'une institution favorise la liberté de l'industrie, le crédit, l'activité des capitaux, l'association, l'honorable membre la répute conforme au mouvement général de la société actuelle; mais toute institution qui peut gêner la liberté de l'industrie, de l'association et du crédit, est, selon lui, contraire à ce mouvement. Le projet de loi lui paraît présenter ce caractère; l'honorable membre le repoussera donc, quoiqu'il reconnaisse que la pensée qui l'a inspiré est une pensée de prévoyance et de moralité; mais les imperfections qu'il a signalées ne lui permettent pas de l'adopter. Il n'émettrait un vote favorable qu'autant que la discussion lui aurait démontré que ces imperfections n'existent pas.

195. M. Langlais, *rapporteur*, dit que la discussion qui vient d'avoir lieu lui a tracé le rôle qu'il a à remplir : il doit montrer l'utilité, la nécessité de la loi, en indiquer le carac-

tère général et répondre aux critiques qui ont été dirigées contre elle.

196. Ces critiques, M. Kœnigswarter les a résumées en disant que le projet porterait la perturbation dans l'industrie, empêcherait la formation des sociétés en commandite, et créerait le monopole des grands capitaux. Cet honorable membre a dit qu'il ne s'attendait pas cependant au rejet de la loi; il croit au contraire que la chambre émettra un vote favorable. En cela il a raison : le corps législatif ne se fait jamais un point d'honneur de repousser les projets de lois qui lui sont présentés; il s'attache à les améliorer. C'est ce que la commission croit avoir fait pour le projet actuellement en discussion. Suivant M. le rapporteur, l'utilité de ce projet de loi est évidente : il n'y a pas un homme ayant suivi le mouvement des capitaux, ayant étudié la manière dont se forment les sociétés en commandite, qui ne déclare la loi nécessaire et urgente. Le développement des sociétés commerciales est immense aujourd'hui; les sociétés en nom collectif sont innombrables; dans les sociétés anonymes, plus de deux milliards sont engagés, et ce chiffre est petit en comparaison de celui que représentent les sociétés en commandite. A Paris seulement, en une année, plus de cinq cents de ces sociétés se sont établies avec un capital de plus d'un milliard. Le gouvernement, s'il ne se montrait pas attentif à un pareil mouvement, manquerait de prudence: car, ici, tout est engagé, le crédit public et la moralité même du pays. A côté de la spéculation il y a le jeu, qui corrompt vite une nation : ce n'est pas impunément, en effet, qu'on peut voir une journée d'agiotage produire plus que des années de travail et de peine. Il y a là un danger public.

197. L'honorable membre rappelle qu'à une époque assez peu éloignée, on s'est effrayé de ce danger et l'on a demandé la suppression des sociétés en commandite par actions. M. le rapporteur croit qu'il faut conserver cette nature de sociétés, mais qu'il faut les surveiller, les moraliser. Lorsqu'elles sont

sagement et honorablement conduites, elles consacrent l'alliance féconde du capital et du travail.

198. L'orateur indique les éléments de la formation d'une société en commandite par actions. Un homme a fait une conquête dans la carrière de la science : inspiré par son génie, il a rencontré une importante invention ; mais il peut arriver que le défaut de fortune l'empêche de tirer parti de sa découverte; il fait alors un appel aux capitaux ; les capitaux viennent à lui, parce que chacun connaît la limite de la perte à laquelle il s'expose. L'entreprise réussit, parce qu'il y a tout à la fois spontanéité de la part de l'actionnaire, et liberté toujours pour le gérant.

199. C'est là l'idéal de la socité en commandite; mais à côté de cette commandite modèle surgissent, suivant l'orateur, de nombreux abus que tout le monde connaît et dont il ne croit pas, pour cela même, nécessaire de retracer le tableau. Contre la plupart de ces abus, la législation actuelle ne présente aucun remède, ou, s'il en existe un, il vient si tard et il faut l'acheter si cher, que la plupart du temps il est inutile. Ainsi, il peut y avoir exagération des apports du gérant ; c'est là assurément un fait très-répréhensible ; cependant la loi existante le laisse impuni, à moins qu'il ne soit entouré des circonstances caractéristiques de l'escroquerie; conseils de surveillance complaisants, dividendes pris sur le capital, la législation ne prévoit rien de tout cela ; elle se borne à punir, lorsqu'ils sont consommés, ceux de ces faits qui rentrent dans les définitions du code pénal.

200. La loi en discussion se propose d'aller plus loin : elle veut prévenir les abus, et M. le rapporteur est convaincu que c'est aussi la pensée de la chambre; s'il en juge même par les nombreux amendements qui ont été présentés à la commission, le Corps législatif semblerait dominé par un sentiment de sévérité plus énergique encore que celui dont le projet de loi est l'expression. La commission a repoussé ces amendements; elle n'a pas oublié que la France vit sous le régime

de la liberté des conventions et de l'industrie; ces libertés sont chères au pays, et c'est dans cette conviction que la commission s'est résignée à laisser parfois une chance à certains abus plutôt que de s'exposer à violer ces grands principes.

201. Passant à l'examen des dispositions du projet de loi, l'orateur fait remarquer qu'elles sont principalement relatives à la formation des sociétés ; quelques-unes seulement concernent la composition et le mode d'action des conseils de surveillance. Celui qui veut former une société en commandite a une complète liberté pour appeler les capitaux au moyen d'annonces ou de prospectus. Un amendement avait été présenté dans le but d'interdire toute annonce ou toute distribution de prospectus avant la constitution de la société ; la commission a repoussé cette proposition, parce qu'elle y a vu une dérogation au principe de la liberté commerciale et industrielle. Il y a cependant un point à l'égard duquel la commission est intervenue dans la formation de la société, c'est celui qui concerne la fixation du capital. Il existe en ce moment une masse de sociétés fondées au capital de 30 ou 40 millions et dont les actions sont de 15, de 5 ou même de 1 fr.; on négocie toutes ces actions à la Bourse par douzaines, par grosses ou par centaines dans un petit coin que l'on appelle le coin des éventualités; il y a là de véritables tempêtes lorsqu'il survient une hausse ou une baisse de dix centimes. Pour donner une idée de ce que peuvent être de semblables affaires, l'honorable membre cite le titre d'un prospectus récemment distribué par un homme qui s'appelle Christophe Colomb et qui forme une société au capital de 50 millions pour marier l'Afrique avec l'Amérique et pour fondre les races. Le projet de loi n'a pas voulu que ces sortes de sociétés pussent se créer avec les capitaux des classes laborieuses, avec les salaires accumulés et placés à la caisse d'épargne.

202. La loi nouvelle intervient encore dans la formation de la société lorsqu'il s'agit de l'estimation des apports du gérant. A cet égard, la législation actuelle ne donne aux souscripteurs

aucun moyen de vérification, et elle est impuissante à les protéger lors même que leurs intérêts ont été notoirement compromis. On ne saurait, en effet, leur accorder une action en rescision que la loi commune admet seulement pour cause de lésion énorme, et exclusivement au profit du vendeur d'un immeuble. Un article du projet de loi prescrit les formes d'après lesquelles les souscripteurs d'actions seront mis à même de vérifier les apports des gérants. M. le rapporteur estime que c'est là quelque chose de juste et de moral. La liberté d'association n'est pas supprimée, on ne supprime que la liberté de la fraude.

203. Il est enfin un autre point sur lequel innove le projet de loi. Il arrive quelquefois que le public se montre circonspect et se refuse aux séductions du prospectus ; si le gérant est un malhonnête homme, il n'en commence pas moins son entreprise, il touche son traitement, les frais d'administration, cela lui suffit ; il peut même arriver que, sans être un malhonnête homme, il se laisse entraîner à ses propres illusions. Dans l'un et dans l'autre cas, l'on marche quelque temps avec les fonds versés par le petit nombre d'actionnaires que l'on a pu réunir, puis le gérant disparaît lorsqu'il ne reste plus rien. L'orateur rappelle que, pour éviter qu'à l'avenir il en puisse être ainsi, le projet de loi dit aux fondateurs de sociétés : vous avez déclaré que tel capital vous était nécessaire pour marcher ; je vous défends de constituer votre société avant que ce capital soit souscrit en totalité et que le quart au moins en ait été versé dans la caisse sociale. Cette clause est identique à celle que le conseil d'État introduit toujours dans les décrets d'autorisation de sociétés anonymes.

204. L'orateur, après avoir ainsi caractérisé l'esprit général de la loi, entre dans quelques explications sur les articles. Lorsqu'on examine les abus auxquels donnent souvent lieu les sociétés en commandite par actions, l'on est forcé de reconnaître que beaucoup de ces abus viennent des actionnaires eux-mêmes. S'il existe tant de jeu et tant d'agiotage, c'est que souvent les

premiers actionnaires ne sont pas sérieux; ils ne viennent ordinairement pas pour rester; souvent, après avoir fait un premier versement, ils revendent leurs actions à prime et cessent d'appartenir à la société. Pourquoi les conseils de surveillance et les assemblées générales d'actionnaires sont-ils devenus dérisoires? C'est surtout par ce motif. Ce que la commission s'est proposé, c'est de composer la société d'actionnaires sérieux et permanents; pour qu'il en fût ainsi, elle a voulu que, lorsqu'on aurait souscrit comme actionnaire dans une société, on restât responsable jusqu'au versement complet du montant des actions.

205. Quelques personnes ont trouvé cette disposition trop rigoureuse; on a dit qu'elle empêcherait les actions de circuler facilement. C'est là précisément ce que veut la commission. La trop grande facilité que l'on trouve à négocier les actions est la cause de l'agiotage auquel elles donnent lieu; la restriction imposée par le projet de loi sera une gêne, sans doute, mais cette gêne écartera les joueurs, les agioteurs; elle appellera les actionnaires sérieux. C'est seulement à cette condition que la société en commandite existera. Elle n'est pas véritablement constituée quand les souscripteurs, après un premier et faible versement, peuvent se retirer et échapper à tous risques ultérieurs.

206. Les dispositions relatives au conseil de surveillance ont été l'objet de vives attaques, soit dans les bureaux, soit dans la commission; l'honorable membre s'attache à repousser ces critiques. Il rappelle que la société en commandite est une association de capitaux avec absence de responsabilité personnelle pour les simples commanditaires; en face du public se trouve placé le gérant responsable, qui donne à la société le mouvement et la vie, et qui dirige les opérations. L'avantage de cette combinaison, c'est la liberté d'action et l'unité de direction; mais elle présente un danger, à raison du pouvoir absolu qui appartient au gérant. Certaines personnes auraient désiré que ce pouvoir fût amoindri, et qu'en même temps

l'on étendît le pouvoir du conseil de surveillance; il semblait qu'on voulût en faire une sorte de conseil des Dix, qui se serait mêlé de tout, mais à condition de rester irresponsable.

207. L'orateur dit que c'eût été renverser la commandite; c'eût été substituer à cette forme une ombre de société anonyme avec un conseil de surveillance irresponsable, c'eût été le régime républicain introduit dans l'industrie. Ce système n'est pas nouveau, c'est précisément celui qui existait lorsqu'on a fait le code de commerce. Sous le Directoire, les sociétés avaient à leur tête des gérants purement nominaux, des hommes de paille; le conseil de surveillance dirigeait tout, percevait tous les profits; puis, si la société venait à être ruinée, les créanciers restaient en présence d'un gérant insolvable. L'honorable membre est persuadé que l'on reviendrait à de semblables résultats si les attributions du conseil de surveillance étaient modifiées d'une manière grave. A ce système, la commission a préféré celui qui est formulé dans l'article 5 du projet. Le conseil de surveillance doit être une garantie contre la mauvaise gestion du gérant; or, aujourd'hui, ce conseil n'est pas une institution sérieuse, et cela pour deux motifs: le premier, c'est que souvent les mandataires des actionnaires n'ont pas un intérêt véritable et direct dans la société; le second motif, c'est qu'au lieu d'être choisis par les actionnaires eux-mêmes, ils ne le sont, en réalité, que par le gérant. L'article 5 du projet veut que les membres du conseil de surveillance soient vraiment des associés et qu'ils soient choisis par les actionnaires. Jusqu'ici, une des causes qui ont empêché les conseils de surveillance d'être composés de membres sérieux, c'est que la loi ne définissait pas bien nettement les pouvoirs de ces conseils; l'on craignait souvent d'accepter ce mandat, de peur de faire acte d'immixtion, et quelquefois les gérants se servaient de cet épouvantail pour écarter les personnes dont ils auraient redouté le contrôle. La loi nouvelle définit nettement les pouvoirs du conseil. Ces pouvoirs consistent à examiner les livres,

la caisse, le portefeuille et les valeurs sociales ; chaque année il doit être fait un rapport à l'assemblée générale sur les inventaires et sur les propositions de dividendes. Tout cela se faisait jusqu'ici : mais les membres du conseil pouvaient craindre, jusqu'à un certain point, de courir le risque attaché à l'immixtion ; la loi nouvelle ne laisse plus de place pour cette crainte.

208. La responsabilité imposée par l'article 10 aux membres du conseil de surveillance a effrayé quelques personnes ; l'honorable membre examinera quelles sont la nature et la portée de cette responsabilité. Il fait remarquer que les deux faits auxquels s'applique cet article sont dignes de toute la sévérité de la loi. Les membres du conseil de surveillance peuvent être déclarés responsables en cas d'inventaire frauduleux ou de distribution de dividendes fictifs. Ces deux fraudes sont celles qui se pratiquent le plus souvent. Lorsque certaines sociétés éprouvent quelque difficulté à prendre leur essor, on distribue des dividendes aux dépens du capital ; puis à la faveur du rapport complaisant fait par le conseil de surveillance, on spécule, on agiote, on réalise des bénéfices. Pour éviter qu'à l'avenir il en soit ainsi, la nouvelle loi frappe d'abord le gérant auteur principal de la fraude, et avec lui les membres du conseil de surveillance; mais elle a soin de bien déterminer les obligations de ces derniers. Elle leur dit : vous ferez chaque année un rapport sur les inventaires et sur la proposition relative à la distribution d'un dividende. De deux choses l'une, ou le membre du conseil de surveillance saura que l'inventaire est inexact et qu'il s'agit d'un dividende fictif, ou il ne le saura pas. Dans ce dernier cas, si par exemple le gérant a trompé le conseil par des pièces fausses, les membres qui le composent n'encourent aucune responsabilité ; mais si le conseil de surveillance a connu les faits ; si, dans son rapport, il a dit que l'inventaire était exact sachant qu'il ne l'était pas ; s'il a constaté l'existence de bénéfices qu'il savait ne pas exister, n'est-il pas complice du gérant, et ne doit-il pas être puni comme ce

dernier? Cette disposition n'est pas non plus une nouveauté; aujourd'hui même, un membre du conseil de surveillance qui aurait évidemment trompé les actionnaires dans son rapport, serait considéré comme complice du gérant. Il est difficile à l'orateur de comprendre pourquoi on s'effraye tant de ce que le projet de loi veut que nul ne puisse être fripon et tromper le public impunément. On craint qu'il devienne presque impossible de trouver des membres pour former le conseil de surveillance; l'honorable membre croit qu'un gérant honnête d'une société en bonne position ne manquera jamais de trouver cinq personnes pour composer ce conseil.

209. En terminant, M. le rapporteur dit qu'on a fait beaucoup de bruit autour de cette loi; il ne s'en étonne pas; il y a en France un grand nombre de mauvaises sociétés en commandite; il ne manque pas d'hommes qui s'étudient sans cesse à tromper le public; il est tout simple que ceux-là se plaignent du projet; mais le commerce loyal y applaudit, et la loi nouvelle fera le plus grand honneur au gouvernement qui l'a présentée ainsi qu'à la chambre qui la votera, car c'est une loi de moralité et de loyauté.

210. M. du Miral déclare approuver complétement la pensée morale du projet. Il y voit des dispositions très-bonnes et très-louables; mais il y en a d'autres qui ne lui paraissent pas mériter les mêmes éloges. Un premier point se présente sur lequel on doit d'abord se mettre d'accord. Les sociétés en commandite sont-elles dignes de faveur, sont-elles nécessaires à l'industrie du pays et à sa prospérité? A cet égard, l'affirmative est incontestable aux yeux de l'orateur. Si notre état social mouveau présente des caractères bien évidents, ce sont ceux-ci : d'une part, progrès merveilleux de l'industrie, progrès qui doit nécessairement se continuer et qui est seulement à son début; d'autre part, pour que ce progrès se maintienne et s'étende, nécessité que les sociétés en commandite ne soient pas l'objet d'attaques téméraires ou maladroites. Le progrès de l'industrie est essentiellement lié à l'existence des sociétés en

commandite. Il n'est pas une grande affaire qui puisse se passer de l'association.

211. Maintenant ces sociétés, dont l'utilité est évidente, ont-elles besoin d'être moralisées? Sur ce point, l'orateur est complétement d'accord avec l'exposé des motifs et avec le rapport. Tout ce que le gouvernement a proposé, tout ce que la commission a accompli en ce sens, est accepté par l'orateur. Il adresserait même volontiers à la commission le reproche de n'avoir pas fait assez sous ce rapport; et il y a une mesure protectrice de la moralité, qui lui paraît avoir été mal à propos écartée par la commission.

212. Mais, à côté de ce qui moralise les sociétés, il y a dans le projet, selon l'orateur, des dispositions qui entravent leur formation d'une manière fâcheuse. Tout à l'heure M. le rapporteur a dit que la commission ne voulait pas que dans les sociétés en commandite pussent s'introduire des capitalistes n'ayant point l'intention d'y rester; qu'elle ne voyait pas des capitalistes sérieux dans ceux qui prenaient part ainsi à la formation d'une société en commandite avec la pensée de s'en retirer très-vite; que cela avait motivé la disposition portant que les actions resteraient nominatives jusqu'à leur entière libération. La commission a cru par là opposer une barrière aux affaires suspectes et mauvaises. Sur ce point, l'orateur n'est pas moins contraire que la commission à tout ce qui a le caractère de fraude. Le jeu blâmable qu'on appelle l'agiotage, l'honorable membre le réprouve; mais il lui semble que la commission a fait une grave confusion entre les agioteurs et les spéculateurs, et n'a pas tenu compte de l'immense différence qui existe entre les uns et les autres. L'agioteur, c'est celui qui joue, qui ne voit dans une opération que le hasard et ses chances, qui ne fait d'ordinaire que des marchés à terme; le spéculateur procède avec réflexion et calcul; il engage des capitaux réels dans des opérations dont il comprend les chances et où il court des risques. La spéculation est la base nécessaire de l'industrie. Les économistes, les

hommes pratiques, se gardent bien de confondre la spéculation avec l'agiotage : sans la spéculation, rien de grand n'aurait pu se faire en France, et, si par malheur on parvenait à tuer l'esprit de spéculation, c'en serait fait de ce progrès industriel dont notre pays a raison d'être fier et qui contribue à maintenir sa supériorité relative à l'égard des autres nations.

213. L'orateur ne comprendrait pas que l'on pût prétendre fonder des sociétés en commandite avec l'obligation de maintenir aux actions la forme nominative jusqu'à leur entière libération. Vouloir proposer à un capitaliste une affaire dans laquelle ses titres seraient ainsi frappés d'indisponibilité, c'est une chimère; une telle affaire ne rencontrerait personne qui consentît à s'y associer. L'honorable membre croit que, si le projet de loi était adopté, il ne se créerait plus de sociétés en commandite que celles où l'on pourrait libérer les titres immédiatement; ou bien on se jetterait dans les sociétés anonymes, ce qui aurait de graves inconvénients. A son avis, il y avait quelque chose de sensé, de raisonnable, de pratique à adopter, et tel était le but d'un des amendements qu'il avait proposé. Il croyait que, dans une commandite, lorsque le titre aurait été libéré à moitié, lorsque, par exemple, sur une action de 500 fr., 250 fr. auraient été versés, l'action aurait pu être changée en titre au porteur. Il ne lui semblait pas qu'au point de vue de la moralité, cela pût offrir le moindre danger.

214. On a pris dans l'article 1er une précaution sage lorsque pour la constitution définitive de la société on a exigé la souscription de la totalité du capital; on a bien fait aussi d'exiger que le quart du montant des actions fût versé. L'orateur croit même qu'on aurait pu exiger moitié. Mais après ce payement de moitié, quel inconvénient y aurait-il eu à donner aux actions la forme de titres au porteur? On ne pouvait pas mettre en doute le versement de la seconde moitié de chaque action. Serait-ce que l'on aurait eu quelque arrière-pensée d'empêcher la formation du capital, de mettre obstacle à la constitution de la société? Si une telle pensée existait, l'honorable membre

la combattrait avec énergie comme rétrograde et anti-économique.

215. Passant à un autre ordre d'idées, l'orateur dit qu'il y a un point sur lequel il regrette que le conseil d'État ait cédé à une demande de la commission, ce qui, à son avis, a eu pour résultat d'affaiblir l'effet moral du projet. Lorsque le projet fut présenté, il s'y trouvait une disposition destinée à prévenir et à punir l'exagération la plus scandaleuse de toutes, celle des apports. On avait vu en 1838 se vendre en adjudication publique 37,000 francs des mines qui avaient été mises en actions comme valant plus d'un million. Pour ces cas de fraude manifeste le projet de loi, dans sa forme primitive, introduisait une action en lésion au profit des actionnaires qui avaient éprouvé un préjudice par suite de cette exagération. La commission a reculé devant cette innovation. L'orateur, en reconnaissant ce qu'une telle innovation avait de grave, soutient qu'elle était justifiée par une raison d'intérêt public et qu'il n'y avait pas à se laisser arrêter dans ce cas par le respect dû à la liberté des conventions, liberté d'ailleurs à laquelle le projet lui-même apporte plus d'une restriction. A cet égard, l'orateur présente des critiques contre l'article 4 du projet et contre les deux assemblées générales qui, aux termes de cet article, devront avoir lieu successivement au sujet de la vérification de l'apport. Il lui paraît qu'il y a là une atteinte à la liberté des conventions; qu'une partie des contractants sera mise à la discrétion des autres; que les actionnaires éloignés, ceux par exemple qui résideront à Lyon, à Bordeaux ou à Marseille, éprouveront beaucoup d'embarras et de préjudice si on les oblige deux fois de suite à venir à Paris, au siége de la société, pour se concerter au sujet d'un apport sur lequel certainement ils se seront fait une opinion dès le principe. L'honorable membre considère comme trop compliquées et comme inutiles les formalités de l'article 4; il croit que l'on aurait mieux donné satisfaction aux craintes de certains actionnaires au sujet de l'apport, si on avait accordé aux fondateurs la possibilité de

faire faire judiciairement une estimation préalable de cet apport, estimation dont l'effet eût été d'empêcher toute contestation ultérieure.

216. Arrivant aux conseils de surveillance, l'honorable membre reconnaît que la commission a raison de dire que le projet n'aggrave pas la situation des membres de ces conseils et se borne à leur rappeler les devoirs attachés à ces fonctions. La commission aurait pu même ajouter, que, loin d'aggraver leur situation, le projet l'adoucit dans une certaine mesure. Sur ce point donc l'orateur se sépare des membres qui ont critiqué le projet de loi. Quelle est la cause véritable de l'inertie des conseils de surveillance? Comment la faire cesser? Comment moraliser les sociétés en commandite et protéger les intérêts des actionnaires? Suivant l'orateur, il aurait fallu modifier la législation de 1807 sous certains rapports, notamment en ce qui concerne les pouvoirs des conseils de surveillance et le danger qu'entraîne pour leurs membres l'immixtion dans les actes de la gestion. Il y a une chose qu'il ne faut pas oublier, c'est que le code commercial remonte à 1807. Or, depuis cette époque, une révolution complète a eu lieu dans le monde commercial; aujourd'hui, en une seule année, il se forme plus de sociétés en commandite qu'il ne s'en formait autrefois dans un demi-siècle et en dix ans sous le règne de Louis-Philippe. A priori, est-il donc raisonnable de penser qu'une législation, qui a pu convenir en 1807, convienne encore à une situation si différente? Mais il y a un autre fait qu'il ne faut pas perdre de vue : c'est que, à l'époque où fut fait le code de commerce, la commandite, c'est-à-dire le capital des actionnaires, n'était considérée par le législateur que comme l'appoint de l'apport du gérant. Il n'en est pas de même aujourd'hui : le capital des actionnaires représente de nos jours presque tout le capital des sociétés en commandite. Dans beaucoup de cas, l'apport du gérant n'a pas d'importance. La législation de 1807 a cherché à prévenir les fraudes; à empêcher que les commanditaires pussent, sous le nom d'un gérant peu sérieux, se lancer

dans des entreprises téméraires et tromper le public. L'honorable membre n'a pas proposé de leur donner cette liberté : ce qu'il a demandé, c'est qu'en vertu des statuts des sociétés en commandite les conseils de surveillance eussent le droit d'empêcher certains actes du gérant, et même dans certains cas eussent le droit de le destituer; la surveillance deviendrait ainsi active et efficace, et l'industrie serait moralisée. L'orateur ne s'explique donc pas que les propositions qu'il avait faites dans ce but aient rencontré une si vive opposition au sein de la commission. Il ne se préoccupe pas de savoir si les sociétés en commandite organisées comme il voudrait qu'elles le fussent ressembleraient au gouvernement républicain et non à une monarchie; l'objection ne lui paraît même pas sérieuse. Il s'est dit que la situation avait complétement changé depuis 1807; et il en a conclu que la législation devait changer également. Ces changements, allassent-ils jusqu'à la révocation possible du gérant, n'auront pas pour effet de transformer les sociétés en commandite en sociétés anonymes. Dans le cas même de la limitation de ses pouvoirs, le gérant reste toujours responsable en face du public. L'honorable membre demandait si peu que le gérant fût irresponsable, qu'il voulait lui imposer l'obligation d'être propriétaire d'une portion de l'entreprise.

217. En résumé, la loi paraît bonne à l'orateur dans quelques parties, mais défectueuse dans d'autres : au lieu d'en faire disparaître les inconvénients, la commission, selon l'honorable membre, les aurait aggravés. Mais la chambre n'est pas obligée de voter toutes les dispositions du projet de loi. Les divers articles de ce projet ne sont que des additions au code de commerce et sont indépendants les uns des autres. La chambre peut donc admettre ceux qui sont utiles, et repousser ceux qui lui paraîtraient avoir été critiqués avec raison. Si un article rejeté devait être présenté de nouveau après modification, où serait l'inconvénient? La loi n'est pas une loi de circonstance, mais une loi d'intérêt général : en cette matière, il importe de bien faire et non de faire vite.

218. M. Schneider dit qu'il a quelque peine à bien apprécier le discours du préopinant : M. Du Miral a déclaré en commençant qu'il était d'accord avec la commission sur l'esprit et le but du projet de loi, et il l'a combattu dans son ensemble ; ensuite, dans une discussion générale, il a introduit la critique des articles. M. le président de la commission est obligé de suivre l'honorable membre dans la marche qu'il a tracée. Il ne parlera pas sur l'ensemble du projet, qui n'a pas été attaqué; il se bornera à répondre aux critiques dont quelques articles ont été l'objet. Il montrera qu'il ne s'agit pas ici d'une loi de légistes, mais d'une loi d'affaires, et c'est parce que la loi a ce caractère que l'orateur a pris part au travail de la commission, où il a été heureux, d'ailleurs, de rencontrer le concours de légistes très-habiles.

219. Avant d'entrer dans la discussion des articles, l'honorable membre croit devoir répondre tout d'abord par une observation générale aux dernières paroles de M. Du Miral. Le préopinant a dit que la chambre pouvait adopter certains articles du projet de loi et en rejeter d'autres. Or, ceux qu'il a critiqués sont les plus importants; si ces articles étaient rejetés, la loi se trouverait donc singulièrement réduite. La commission ne saurait consentir à cette division ; le projet de loi répond à un besoin et tous ses articles se tiennent. C'est cette intime liaison de toutes les parties de la loi qui n'a pas permis à la commission d'accueillir un grand nombre d'amendements qui lui avaient été présentés, et dont les uns allaient au delà de la pensée du projet, tandis que d'autres restaient en deçà. Elle a voulu se renfermer dans des limites déterminées; à ses yeux, la suppression d'un seul article porterait atteinte à l'ensemble de la loi.

220. L'article 1er, que M. du Miral a d'abord attaqué, est celui que l'orateur est le plus disposé à soutenir ; c'est celui qui a été le plus laborieusement étudié par la commission ; elle a voulu que les sociétés en commandite fussent sérieuses, que les actionnaires ne prissent que des engagements mûre-

ment pesés, et donnassent toujours plus à la réflexion qu'au hasard. M. Du Miral a dit qu'il fallait distinguer entre l'agiotage et la spéculation. La commission fait également cette distinction; mais elle ne veut pas que la spéculation soit irréfléchie, elle veut que les engagements soient sérieux; et pour que ce résultat soit atteint, elle prend des précautions qui moraliseront la liberté commerciale sans la gêner. Elle pose d'abord certaines limites aux capitaux qui s'offrent à la spéculation; ne pouvant faire de catégories de personnes, elle a fixé la quotité des chiffres. Entre les différents modes discutés devant elle, celui-là lui a paru seul praticable. La commission s'est dit ensuite que pour que les sociétés eussent des éléments de vitalité, il fallait que leur capital fût intégralement souscrit. Pas de sécurité, en effet, pour ces sociétés si leur capital n'est point assuré dès l'origine par des souscriptions sérieuses. Autrement les gérants seraient exposés à commettre des actes répréhensibles; il y aurait danger pour les actionnaires et pour les tiers.

221. La première condition exigée, c'est donc que la souscription du capital soit complète; mais comment? par la signature seulement du souscripteur? Non, par le versement immédiat d'un quart: ce sont des arrhes données au gérant qui ne connaît pas les souscripteurs, et qui ne peut pas recevoir leur souscription sur parole. Il faut plus encore: en général, on entre légèrement dans une société parce qu'on espère en sortir facilement: le projet veut que la souscription soit sincère toujours. Les actions seront donc nominatives, afin que le gérant puisse suivre le souscripteur jusqu'à la fin et s'assurer que les obligations qui ont été contractées seront remplies dans toute leur étendue. Ici la commission a été au delà du projet de loi primitif. Le gouvernement proposait que le versement de la moitié de la souscription pût délier le souscripteur: c'était manquer le but; il eût été trop facile d'entrer dans une société pour recueillir des bénéfices, et d'en sortir ensuite pour échapper aux chances mauvaises. Il eût suffi alors, en effet, d'abandonner

une moitié du capital pour sauver l'autre. La commission a voulu que la responsabilité portât sur la totalité du capital, afin que l'actionnaire eût un intérêt réel à peser tous les éléments de la société où il veut entrer.

222. Y a-t-il là un inconvénient grave ? La transmission des actions ne peut avoir lieu qu'après le versement des deux cinquièmes. Entre les deux cinquièmes et la moitié, la différence n'est pas bien grande. Cette disposition du projet de loi a été attaquée ; on a paru croire que le projet voulait l'immobilité complète des actions entre les mains des souscripteurs. Il n'en est rien, la transmissibilité sera toujours possible par voie civile ; le projet de loi ne pouvait pas l'empêcher et n'avait pas besoin de le dire ; mais la transmission par voie commerciale ne pourra avoir lieu qu'après le versement des deux cinquièmes. Il n'y aura donc pas immobilité absolue des actions, comme l'a dit M. du Miral. Tout souscripteur qui ne pourrait pas verser les deux cinquièmes de sa souscription ne serait pas un souscripteur sérieux, et ce sont seulement les souscriptions sérieuses que le projet de loi a voulues.

223. L'orateur comprend facilement que ce régime puisse être une gêne pour certains souscripteurs qui ne demandent à entrer dans une société qu'avec la pensée d'en sortir ; il ne nie pas que certaines sociétés fondées dans un but d'agiotage puissent avoir à souffrir de cette loi ; mais, pour arriver à des combinaisons sérieuses, il fallait arrêter par des entraves légales tout ce qui n'offrait pas de garanties. Le caractère d'une loi de cette nature, c'est qu'à côté d'un avantage incontestable, quelque inconvénient pouvait parfois se présenter ; la commission, sur les diverses questions soulevées par le projet, a tâché de choisir le parti qui présentait plus d'avantages que d'inconvénients. Elle est convaincue que, tel qu'il est, l'art. 1er sera un obstacle utilement opposé aux souscriptions qui ne seraient pas sérieuses et qui pourraient devenir une cause de ruine pour la société.

224. En ce qui concerne l'article 4, relatif à la vérification

des apports des gérants, article si vivement attaqué par M. du Miral, l'orateur rappelle que le conseil d'État avait proposé à cet égard un système et que M. du Miral en avait présenté un autre; la commission en a formulé un troisième. L'honorable membre ne prétend ni justifier d'une manière absolue la disposition qui a été adoptée par la commission, ni critiquer trop vivement celle à laquelle le conseil d'État a renoncé; il veut seulement montrer qu'il a été fait un choix judicieux entre plusieurs systèmes dont chacun avait certains avantages à côté de certains inconvénients.

225. L'article 7, primitivement proposé par le gouvernement, constatait qu'on avait reconnu, pour les actionnaires, de graves inconvénients dans l'exagération des apports du gérant. En vue d'y remédier, le gouvernement admettait une liberté complète au début de l'association; mais plus tard, en cas de lésion de plus de moitié, il était loisible aux commanditaires de demander des dommages-intérêts. Suivant l'honorable membre, ce système prêtait à la critique; d'abord parce qu'il n'atteignait les manœuvres frauduleuses qu'au moment où elles étaient consommées peut-être sans retour, et ensuite parce que, dans certains cas, un homme qui aurait fait un apport sérieux et loyal, l'apport d'un brevet, par exemple, pouvait être exposé à des poursuites intéressées et mal fondées.

226. Quant à M. Du Miral, il voulait que les fondateurs désireux d'éviter des recherches ultérieures pussent faire préalablement évaluer leurs apports par experts. L'orateur croit que, de tous les systèmes présentés sur cette question, celui-là était le plus dangereux. En effet, en supposant qne le fondateur eût l'intention de tromper sur la valeur de ses apports, il ferait faire une estimation que les actionnaires réputeraient satisfaisante ou non; s'ils ne s'en contentaient pas, le fondateur en serait quitte pour s'arrêter comme un contrebandier qui se verrait dans l'impossibilité d'introduire un objet en fraude; si l'estimation était acceptée, la constitution de la société se

poursuivrait, et les actionnaires seraient définitivement trompés, sans possibilité de recours.

227. L'honorable membre croit qu'on doit préférer le système de la commission, auquel s'est rallié le conseil d'État; ce système se rapproche de celui des sociétés anonymes, dans lesquelles tous les apports sont vérifiés par le conseil d'État avant la constitution. Procéder exactement comme en matière de sociétés anonymes, c'eût été néanmoins s'exposer à des lenteurs et à des formalités compliquées: il a donc fallu chercher quelques modifications. La commission s'est demandé ce que c'est qu'un apport dans une société. Elle a reconnu que c'est une quasi-vente. Le propriétaire d'une usine, d'un brevet, d'une valeur quelconque cherche à en obtenir le prix; à cet effet, il l'apporte dans une société contre un certain capital ou contre des actions. Dans les ventes ordinaires, l'acheteur et le vendeur se rapprochent, se concertent, et le contrat est fait. La commission a dit aux capitalistes: avant d'entrer dans une société, vous prendrez connaissance de la valeur des apports du gérant, vous vous réunirez, vous chargerez qui vous voudrez d'examiner cette valeur, puis, si cela vous convient, vous donnerez votre consentement. Lorsqu'on aura procédé de cette manière, si, dans la suite, il est reconnu que les apports ont été exagérés, si les actionnaires sont lésés, ils ne pourront s'en prendre qu'à eux-mêmes et non pas à la loi, car la loi doit éclairer ceux qui sont sur le point de s'engager, mais elle ne doit pas gêner leur liberté. On ne peut pas réduire les actionnaires à l'état de mineurs ou d'interdits, on doit les traiter comme des hommes raisonnables, et se contenter de les mettre en état de contracter en parfaite connaissance de cause.

228. L'honorable M. Du Miral regrette que le régime de la société en commandite n'ait pas été profondément modifié; l'orateur répond que, dans l'esprit de tous, cette société apparaît aujourd'hui avec certains caractères spéciaux; le principal de ces caractères, c'est la libre action du gérant; la commission n'a pas voulu toucher à ce qui concerne les pouvoirs du

gérant, c'est là que se trouve ordinairement le principal élément de succès pour la société; le succès est presque toujours le prix de cette continuité dans la pensée et de cette promptitude dans l'action, qui ne peuvent appartenir qu'à un gérant libre dans ses allures; ce sont ces conditions qui assurent la réussite d'une opération.

229. Sans doute le gérant ne remplit pas toujours ce programme, mais la commission n'a pas cru que ce fût un motif pour changer rien aux attributions de la gérance. L'honorable membre espère que les actionnaires finiront par comprendre que le succès d'une affaire tient surtout au choix d'un bon gérant; il faut qu'ils sachent que: « Tant vaut l'homme, tant vaut la chose. » Il faut qu'ils sachent qu'un gérant est comme le capitaine chargé de conduire un navire; c'est lui seul qui, par la précision et l'instantanéité de ses manœuvres, peut faire arriver le vaisseau à bon port. L'orateur répète que, n'ayant à suivre aucun contradicteur sur ce terrain, il n'a pas cru devoir discuter l'ensemble du projet de loi; il se réserve de répondre aux critiques nouvelles qui pourront être présentées lors de la discussion des articles; mais il prie surtout la chambre de ne pas oublier que tous ces articles se tiennent, et que le rejet de l'un d'eux produirait une lacune, un défaut d'harmonie dans la loi.

230. M. Roques-Salvaza prie M. Schneider de compléter sa lumineuse démonstration en répondant à l'objection faite par M. Du Miral à l'occasion de la disposition de l'article 2 qui prescrit que l'action restera nominative jusqu'à sa complète libération. Il demande pourquoi, après le versement des deux cinquièmes, lorsque l'action est devenue négociable, elle devra continuer à rester nominative jusqu'au payement intégral.

231. La clôture de la discussion générale, réclamée par un grand nombre de membres, est mise aux voix et prononcée.

232. L'article 1er est mis aux voix et adopté.

233. M. le Président donne lecture de l'article 2.

234. M. Roques-Salvaza renouvelle à propos de cet article la demande d'explication qu'il a présentée tout à l'heure.

235. M. Vuillefroy, *président de section, commissaire du gouvernement*, répond que l'article 2 est la conséquence nécessaire de l'article 1er qui vient d'être voté et qui veut qu'une société ne soit constituée qu'après la souscription du capital tout entier. Si, après avoir posé cette condition, on eût autorisé la création d'actions au porteur non libérées, il est évident que la responsabilité du souscripteur aurait cessé d'exister. L'orateur rappelle que cette clause est stipulée quand il s'agit de sociétés anonymes. Il y a eu à la vérité une exception pour les chemins de fer; la loi de 1845 a établi cette exception, d'abord à raison de l'éminente utilité de ces entreprises, et en vue d'y attirer les capitaux; ensuite parce que ces sortes d'affaires devaient être avant la concession même l'objet d'un examen très-approfondi de la part du consil d'Etat. Mais, dans les autres sociétés anonymes, les souscripteurs sont responsables jusqu'au versement complet. M. le commissaire du gouvernement rappelle que cela est d'ailleurs conforme au droit commun. Puisque les commanditaires sont responsables jusqu'à concurrence de leur mise, il faut bien que l'on sache qui ils sont; c'est bien le moins d'exiger qu'il en soit ainsi, lorsqu'il s'agit d'une forme de société qui offre moins de garanties que la forme anonyme.

236. L'article 2 est mis aux voix et adopté, ainsi que l'article 3.

237. M. Jubinal a la parole sur l'article 4; il fait remarquer que le paragraphe 3 de cet article veut que dans l'assemblée générale les délibérations soient prises par la majorité des actionnaires présents; que cette majorité doit comprendre le quart des actionnaires et représenter le quart du capital social en numéraire. Mais cette rédaction ne dit pas combien il faudra avoir d'actions pour pouvoir assister aux assemblées. Trop souvent, dans ces réunions, un malheureux actionnaire isolé est opprimé par une majorité d'actionnaires qui se sont

partagé un grand nombre d'actions; s'il réclame, il ne peut pas même parvenir à se faire entendre.

238. M. Bertrand (de l'Yonne), *membre de la commission*, fait remarquer que dans l'article 4 il s'agit de la réunion préparatoire pour la vérification des apports; il est impossible de n'y pas admettre tous les actionnaires, quelque peu considérable que soit le nombre des actions par eux souscrites.

239. M. le colonel Du Marais demande si le paragraphe dont il vient d'être parlé s'applique à toutes les assemblées générales, ou seulement à celle qui est destinée à la vérification des apports.

240. M. le comte de Chasseloup-Laubat désire savoir si par les termes dans lesquels est rédigé le paragraphe 3 de l'article 4, on entend seulement la majorité des actionnaires présents ou la majorité des actions représentées. Avec la première interprétation, il serait facile de distribuer deux ou trois cents actions dans autant de mains, et de se procurer ainsi une majorité qui ferait la loi à des actionnaires représentant, quoique moins nombreux, la plus grande partie du capital social.

241. M. Langlais, *rapporteur*, répond à M. le colonel Du Marais que ni la commission ni le gouvernement n'ont eu l'intention de toucher à la liberté des conventions en ce qui concerne les assemblées générales d'actionnaires; on a laissé aux personnes qui forment une société le droit d'indiquer la composition des assemblées générales dans les cas ordinaires; c'est seulement pour le cas spécial de la vérification des apports qu'a été rédigé le paragraphe 3 dont le texte a été cité tout à l'heure.

242. Quant à la question posée par M. le comte de Chasseloup-Laubat, M. le rapporteur dit que dans la rédaction donnée au paragraphe 3 de l'article 4, la commission a entendu parler des actionnaires présents; il ne faut pas oublier qu'au moment où a lieu l'assemblée, toutes les actions sont encore nominatives, et dans tous les cas n'ont pu changer de propriétaire

que par le résultat d'un transfert fait dans la forme des actes civils, et non dans celle d'une négociation commerciale. Le mot « actionnaire présent » veut dire ici personne présente et figurant au tableau qui doit être annexé à l'acte de société.

243. L'article 4 est mis aux voix et adopté.

244. Les articles 5 et 6 sont également adoptés.

245. M. Gouin a la parole sur l'article 7, concernant la responsabilité qui, après annulation de la société dans des cas déterminés, peut incomber aux membres du conseil de surveillance pour toutes les opérations faites ultérieurement à leur nomination. L'honorable membre dit qu'il a donné son adhésion aux articles précédents ; il approuve l'esprit de la loi, il en attend de très bons effets ; mais il lui semble que l'article 7 va trop loin : ce n'est pas là, à ses yeux, une disposition indispensable, et elle sera d'une application très-difficile. L'orateur convient que, dans l'état présent des choses, le conseil de surveillance a peu d'efficacité ; mais il croit que la sévérité de l'article 7 rendra très-difficile, et même presque impossible, la formation de ce conseil. Même pour des hommes sérieux et habiles, la surveillance n'est pas chose aussi aisée qu'on le suppose ; car, quelle que soit leur aptitude, ce n'est pas par une vérification mensuelle qu'ils peuvent s'assurer qu'il ne s'est glissé dans les écritures ni erreur ni fraude. Ils peuvent être trompés et commettre quelque erreur. Faut-il que, pour cela, ils subissent la responsabilité résultant de l'article 7? L'honorable membre croit que des hommes honorables, et dont l'intervention aurait été très-utile, la refuseront lorsqu'elle pourra entraîner de telles conséquences. Encore une fois, il adhère aux six premiers articles ; mais les articles 7 et 10 lui paraissent devoir être écartés.

246. M. Schneider déclare qu'il comprendrait jusqu'à un certain point l'opposition de M. Gouin à l'article 10 ; mais il ne s'explique pas aussi bien que le préopinant combatte l'article 7. Dans l'article 7, il s'agit de la responsabilité que peuvent encourir les membres des conseils de surveillance, à raison de formalités matérielles, simples, aisément saisissables, sur lesquelles on ne peut pas se méprendre, et qui apparaissent à tout membre d'un conseil de surveillance, pour peu qu'il ait siégé une seule fois dans ce conseil. Il ne peut pas y avoir de doute sur la responsabilité en pareil cas. Lorsque viendra la discussion de l'article 10, l'honorable membre répondra aux objections qui se produiront.

247. M. Gouin ne croit pas que l'article 7 soit aussi simple dans ses dispositions que vient de le dire l'honorable préopinant. Si l'orateur persiste à repousser les articles 7 et 10, c'est qu'il y voit une responsabilité très-lourde pour les membres des conseils de surveillance.

248. M. Duvergier, *conseiller d'État, commissaire du gouvernement*, répond que la responsabilité de l'article 7 est si limitée et si bien définie que pas un membre d'un conseil de surveillance n'en pourrait être effrayé. L'honorable M. Gouin approuve les six premiers articles, mais à ces articles il faut une sanction ; or, cette sanction se trouve précisément dans l'article 7. Les dispositions de cet article sont tellement claires qu'aucun membre de conseil de surveillance, pour peu qu'il veuille être attentif, ne peut se faire illusion. Il y aura d'ailleurs, pour les membres d'un conseil de surveillance, un moyen facile d'échapper à cette responsabilité : il suffira qu'ils lisent les statuts de la société et les six premiers articles de la loi, où sont indiquées les conditions qu'elle exige pour la formation des sociétés en commandite.

249. M. Gouin dit qu'ici, en effet, les inconvénients de la responsabilité peuvent être moindres que dans l'article 10, mais que la disposition est néanmoins de nature à écarter nombre de personnes des conseils de surveillance.

250. L'article 7 est mis aux voix et adopté.

251. M. le colonel du Marais demande, à l'occasion de l'article 8, si dans le cas où un membre du conseil de surveillance serait empêché, il pourrait se faire représenter.

252. M. Langlais, *rapporteur*, répond que cela est évidemment impossible.

253. Les articles 8, 9, 10 et 11 sont successivement mis aux voix et adoptés.

254. M. Dalloz a la parole sur l'article 12 ; il demande à MM. les membres du conseil d'État si, en disant que toute publication de la valeur des actions pour lesquelles le versement des deux cinquièmes n'aurait pas été effectué entraînerait une amende de 500 à 10,000 fr., on a entendu que cette amende sera appliquée au gérant du journal qui aura fait l'insertion, ou bien au gérant de la société en commandite qui l'aura fait faire. Il semble à l'honorable membre qu'il y a là un manque de précision ; il lui paraîtrait, d'ailleurs, exagéré et peu pratique d'exiger que le gérant du journal vérifiât, pour toutes les annonces qui peuvent lui être apportées, si les gérants des sociétés en commandite se sont conformés aux dispositions des articles 1 et 2 du projet de loi. La peine édictée paraît à l'honorable membre devoir être appliquée au gérant de la société en commandite qui a fait insérer l'annonce, mais non au gérant du journal où elle a été insérée.

255. M. Duvergier, *conseiller d'État*, répond que cette disposition de l'article 12 est empruntée à la loi du 15 juillet 1845, où le mot *publication* est employé dans le même sens. Ce mot, dans la loi nouvelle, aura la même signification que dans la loi de 1845. Lors de la discussion de cette loi, la même question fut adressée au gouvernement, par M. d'Argout, à la chambre des pairs ; le ministre des travaux publics répondit que tout dépendrait des circonstances, et que l'intention de ceux qui auraient fait la publication serait appréciée par les tribunaux. Le gouvernement fait aujourd'hui la même réponse.

256. Les articles 12, 13, 14 et 15 sont successivement mis aux voix et adoptés.

257. L'ensemble du projet de loi est adopté au scrutin, à la majorité de 221 suffrages contre 12, sur 233 votants.

LÉGISLATION SUR LES SOCIÉTÉS CIVILES ET COMMERCIALES.

CODE NAPOLÉON.

TITRE NEUVIÈME.

DU CONTRAT DE SOCIÉTÉ.

Décrété le 17 ventôse an XII, promulgué le 27 ventôse (8-18 mars 1804).

CHAPITRE PREMIER.

DISPOSITIONS GÉNÉRALES.

1832. La société est un contrat par lequel deux ou plusieurs personnes conviennent de mettre quelque chose en commun, dans la vue de partager le bénéfice qui pourra en résulter.

1833. Toute société doit avoir un objet licite, et être contractée pour l'intérêt commun des parties.

Chaque associé doit y apporter ou de l'argent, ou d'autres biens, ou son industrie.

1834. Toutes sociétés doivent être rédigées par écrit, lorsque leur objet est d'une valeur de plus de 150 fr.

La preuve testimoniale n'est point admise contre et outre le contenu en l'acte de société, ni sur ce qui serait allégué avoir été dit avant, lors et depuis cet acte, encore qu'il s'agisse d'une somme ou valeur moindre de 150 fr.

7.

CHAPITRE II.

DES DIVERSES ESPÈCES DE SOCIÉTÉS.

1835. Les sociétés sont universelles ou particulières.

SECTION PREMIÈRE.

DES SOCIÉTÉS UNIVERSELLES.

1836. On distingue deux sortes de sociétés universelles, la société de tous biens présents, et la société universelle de gains.

1837. La société de tous biens présents est celle par laquelle les parties mettent en commun tous les biens meubles et immeubles qu'elles possèdent actuellement, et les profits qu'elles pourront en tirer.

Elles peuvent aussi y comprendre toute autre espèce de gains ; mais les biens qui pourraient leur avenir par succession, donation ou legs, n'entrent dans cette société que pour la jouissance : toute stipulation tendant à y faire entrer la propriété de ces biens est prohibée, sauf entre époux, et conformément à ce qui est réglé à leur égard.

1838. La société universelle de gains renferme tout ce que les parties acquerront par leur industrie, à quelque titre que ce soit, pendant le cours de la société : les meubles que chacun des associés possède au temps du contrat, y sont aussi compris ; mais leurs immeubles personnels n'y entrent que pour la jouissance seulement.

1839. La simple convention de société universelle, faite sans autre explication, n'emporte que la société universelle de gains.

1840. Nulle société universelle ne peut avoir lieu qu'entre personnes respectivement capables de se donner ou de recevoir l'une de l'autre, et auxquelles il n'est point défendu de s'avantager au préjudice d'autres personnes.

SECTION II.

DE LA SOCIÉTÉ PARTICULIÈRE.

1841. La société particulière est celle qui ne s'applique qu'à certaines choses déterminées, ou à leur usage, ou aux fruits à en percevoir.

1842. Le contrat par lequel plusieurs personnes s'associent, soit pour une entreprise désignée, soit pour l'exercice de quelque métier ou profession, est aussi une société particulière.

CHAPITRE III.

DES ENGAGEMENTS DES ASSOCIÉS ENTRE EUX ET A L'ÉGARD DES TIERS.

SECTION PREMIÈRE.

DES ENGAGEMENTS DES ASSOCIÉS ENTRE EUX.

1843. La société commence à l'instant même du contrat, s'il ne désigne une autre époque.

1844. S'il n'y a pas de convention sur la durée de la société, elle est censée contractée pour toute la vie des associés, sous la modification portée en l'article 1869; ou, s'il s'agit d'une affaire dont la durée soit limitée, pour tout le temps que doit durer cette affaire.

1845. Chaque associé est débiteur envers la société, de tout ce qu'il a promis d'y apporter.

Lorsque cet apport consiste en un corps certain, et que la société en est évincée, l'associé en est garant envers la société, de la même manière qu'un vendeur l'est envers son acheteur.

1846. L'associé qui devait apporter une somme dans la société, et qui ne l'a point fait, devient, de plein droit et sans demande, débiteur des intérêts de cette somme, à compter du jour où elle devait être payée.

Il en est de même à l'égard des sommes qu'il a prises dans la caisse sociale, à compter du jour où il les en a tirées pour son profit particulier;

Le tout sans préjudice de plus amples dommages-intérêts, s'il y a lieu.

1847. Les associés qui se sont soumis à apporter leur industrie à la société, lui doivent compte de tous les gains qu'ils ont faits par l'espèce d'industrie qui est l'objet de cette société.

1848. Lorsque l'un des associés est, pour son compte particulier, créancier d'une somme exigible envers une personne qui se trouve aussi devoir à la société une somme également exigible, l'imputation de ce qu'il reçoit de ce débiteur, doit se faire sur la créance de la société et sur la sienne dans la proportion des deux créances, encore qu'il eût par sa quittance dirigé l'imputation intégrale sur sa créance particulière : mais s'il a exprimé dans sa quittance que l'imputation serait faite en entier sur la créance de la société, cette stipulation sera exécutée.

1849. Lorsqu'un des associés a reçu sa part entière de la créance commune, et que le débiteur est depuis devenu insolvable, cet associé est tenu de rapporter à la masse commune ce qu'il a reçu, encore qu'il eût spécialement donné quittance *pour sa part.*

1850. Chaque associé est tenu envers la société, des dommages qu'il lui a causés par sa faute, sans pouvoir compenser avec ces dommages les profits que son industrie lui aurait procurés dans d'autres affaires.

1851. Si les choses dont la jouissance seulement a été mise dans la société sont des corps certains et déterminés, qui ne se consomment point par l'usage, elles sont aux risques de l'associé propriétaire.

Si ces choses se consomment, si elles se détériorent en les gardant, si elles ont été destinées à être vendues, ou si elles ont été mises dans la société sur une estimation portée par un inventaire, elles sont aux risques de la société.

Si la chose a été estimée, l'associé ne peut répéter que le montant de son estimation.

1852. Un associé a action contre la société, non-seulement

à raison des sommes qu'il a déboursées pour elle, mais encore à raison des obligations qu'il a contractées de bonne foi pour les affaires de la société, et des risques inséparables de sa gestion.

1853. Lorsque l'acte de société ne détermine point la part de chaque associé dans les bénéfices ou pertes, la part de chacun est en proportion de sa mise dans le fonds de la société.

A l'égard de celui qui n'a apporté que son industrie, sa part dans les bénéfices ou dans les pertes est réglée comme si sa mise eût été égale à celle de l'associé qui a le moins apporté.

1854. Si les associés sont convenus de s'en rapporter à l'un d'eux ou à un tiers pour le règlement des parts, ce règlement ne peut être attaqué s'il n'est évidemment contraire à l'équité.

Nulle réclamation n'est admise à ce sujet, s'il s'est écoulé plus de trois mois depuis que la partie qui se prétend lésée a eu connaissance du règlement, ou si ce règlement a reçu de sa part un commencement d'exécution.

1855. La convention qui donnerait à l'un des associés la totalité des bénéfices, est nulle.

Il en est de même de la stipulation qui affranchirait de toute contribution aux pertes, les sommes ou effets mis dans le fonds de la société par un ou plusieurs des associés.

1856. L'associé chargé de l'administration par une clause spéciale du contrat de société, peut faire, nonobstant l'opposition des autre associés, tous les actes qui dépendent de son administration, pourvu que ce soit sans fraude.

Ce pouvoir ne peut être révoqué sans cause légitime, tant que la société dure; mais s'il n'a été donné que par acte postérieur au contrat de société, il est révocable comme un simple mandat.

1857. Lorsque plusieurs associés sont chargés d'administrer, sans que leurs fonctions soient déterminées, ou sans qu'il ait été exprimé que l'un ne pourrait agir sans l'autre, ils peuvent faire chacun séparément tous les actes de cette administration.

1858. S'il a été stipulé que l'un des administrateurs ne pourra rien faire sans l'autre, un seul ne peut, sans une nouvelle convention, agir en l'absence de l'autre, lors même que celui-ci serait dans l'impossibilité actuelle de concourir aux actes d'administration.

1859. A défaut de stipulations spéciales sur le mode d'administration, l'on suit les règles suivantes :

1° Les associés sont censés s'être donné réciproquement le pouvoir d'administrer l'un pour l'autre. Ce que chacun fait, est valable même pour la part de ses associés, sans qu'il ait pris leur consentement; sauf le droit qu'ont ces derniers, ou l'un d'eux, de s'opposer à l'opération avant qu'elle soit conclue.

2° Chaque associé peut se servir des choses appartenant à la société, pourvu qu'il les emploie à leur destination fixée par l'usage, et qu'il ne s'en serve pas contre l'intérêt de la société, ou de manière à empêcher ses associés d'en user selon leur droit.

3° Chaque associé a le droit d'obliger ses associés à faire avec lui les dépenses qui sont nécessaires pour la conservation des choses de la société.

4° L'un des associés ne peut faire d'innovations sur les immeubles dépendants de la société, même quand il les soutiendrait avantageuses à cette société, si les autres associés n'y consentent.

1860. L'associé qui n'est point administrateur, ne peut aliéner ni engager les choses même mobilières qui dépendent de la société.

1861. Chaque associé peut, sans le consentement de ses associés, s'associer une tierce personne relativement à la part qu'il a dans la société : il ne peut pas, sans ce consentement, l'associer à la société, lors même qu'il en aurait l'administration.

SECTION II.

DES ENGAGEMENTS DES ASSOCIÉS A L'ÉGARD DES TIERS.

1862. Dans les sociétés autres que celles de commerce, les associés ne sont pas tenus solidairement des dettes sociales, et l'un des associés ne peut obliger les autres si ceux-ci ne lui en ont conféré le pouvoir.

1863. Les associés sont tenus envers le créancier avec lequel ils ont contracté, chacun pour une somme et part égales, encore que la part de l'un d'eux dans la société fût moindre, si l'acte n'a pas spécialement restreint l'obligation de celui-ci sur le pied de cette dernière part.

1864. La stipulation que l'obligation est contractée pour le compte de la société, ne lie que l'associé contractant et non les autres, à moins que ceux-ci ne lui aient donné pouvoir, ou que la chose n'ait tourné au profit de la société.

CHAPITRE IV.

DES DIFFÉRENTES MANIÈRES DONT FINIT LA SOCIÉTÉ.

1865. La société finit,

1° Par l'expiration du temps pour lequel elle a été contractée;

2° Par l'extinction de la chose, ou la consommation de la négociation;

3° Par la mort naturelle de quelqu'un des associés;

4° Par la mort civile (1), l'interdiction ou la déconfiture de l'un d'eux;

5° Par la volonté qu'un seul ou plusieurs expriment de n'être plus en société.

1866. La prorogation d'une société à temps limité ne peut

(1) Loi du 31 mai 1854, portant abolition de la mort civile.

Art. 1. La mort civile est abolie.

2. Les condamnations à des peines afflictives perpétuelles emportent la dégradation civique et l'interdiction légale établies par les articles 28, 29 et 31 du Code pénal.

être prouvée que par un écrit revêtu des mêmes formes que le contrat de société.

1867. Lorsque l'un des associés a promis de mettre en commun la propriété d'une chose, la perte survenue avant que la mise en soit effectuée, opère la dissolution de la société par rapport à tous les associés.

La société est également dissoute dans tous les cas par la perte de la chose, lorsque la jouissance seule a été mise en commun, et que la propriété en est restée dans la main de l'associé.

Mais la société n'est pas rompue par la perte de la chose dont la propriété a déjà été apportée à la société.

1868. S'il a été stipulé qu'en cas de mort de l'un des associés, la société continuerait avec son héritier, ou seulement entre les associés survivants, ces dispositions seront suivies : au second cas, l'héritier du décédé n'a droit qu'au partage de la société, eu égard à la situation de cette société lors du décès, et ne participe aux droits ultérieurs qu'autant qu'ils sont une suite nécessaire de ce qui s'est fait avant la mort de l'associé auquel il succède.

1869. La dissolution de la société par la volonté de l'une des parties ne s'applique qu'aux sociétés dont la durée est illimitée, et s'opère par une renonciation notifiée à tous les associés, pourvu que cette renonciation soit de bonne foi, et non faite à contre-temps.

1870. La renonciation n'est pas de bonne foi lorsque l'associé renonce pour s'approprier à lui seul le profit que les associés s'étaient proposé de retirer en commun.

Elle est faite à contre-temps lorsque les choses ne sont plus entières, et qu'il importe à la société que sa dissolution soit différée.

1871. La dissolution des sociétés à terme ne peut être demandée par l'un des associés avant le terme convenu, qu'autant qu'il y en a de justes motifs, comme lorsqu'un autre associé manque à ses engagements, ou qu'une infirmité habituelle le rend inhabile aux affaires de la société, ou autres cas semblables, dont la légitimité et la gravité sont laissées à l'arbitrage des juges.

1872. Les règles concernant le partage des successions, la forme de ce partage, et les obligations qui en résultent entre les cohéritiers, s'appliquent aux partages entre associés.

DISPOSITION RELATIVE AUX SOCIÉTÉS DE COMMERCE.

1873. Les dispositions du présent titre ne s'appliquent aux sociétés de commerce que dans les points qui n'ont rien de contraire aux lois et usages du commerce.

CODE DE COMMERCE.

TITRE TROISIÈME.

DES SOCIÉTÉS.

SECTION PREMIÈRE.

DES DIVERSES SOCIÉTÉS, ET DE LEURS RÈGLES.

18. Le contrat de société se règle par le droit civil, par les lois particulières au commerce, et par les conventions des parties.

19. La loi reconnaît trois espèces de sociétés commerciales :

La société en nom collectif;

La société en commandite;

La société anonyme.

20. La *société en nom collectif* est celle que contractent deux personnes ou un plus grand nombre, et qui a pour objet de faire le commerce sous une raison sociale.

21. Les noms des associés peuvent seuls faire partie de la raison sociale.

22. Les associés en nom collectif indiqués dans l'acte de société sont solidaires pour tous les engagements de la société, encore qu'un seul des associés ait signé, pourvu que ce soit sous la raison sociale.

23. La *société en commandite* se contracte entre un ou plusieurs associés responsables et solidaires, et un ou plusieurs associés simples bailleurs de fonds, que l'on nomme *commanditaires* ou *associés en commandite.*

Elle est régie sous un nom social, qui doit être nécessairement celui d'un ou plusieurs des associés responsables et solidaires (1).

24. Lorsqu'il y a plusieurs associés solidaires et en nom, soit que tous gèrent ensemble, soit qu'un ou plusieurs gèrent pour tous, la société est, à la fois, société en nom collectif à leur égard, et société en commandite à l'égard des simples bailleurs de fonds.

25. Le nom d'un associé commanditaire ne peut faire partie de la raison sociale.

26. L'associé commanditaire n'est passible des pertes que jusqu'à concurrence des fonds qu'il a mis ou dû mettre dans la société.

27. L'associé commanditaire ne peut faire aucun acte de gestion, ni être employé pour les affaires de la société, même en vertu de procuration (2).

28. En cas de contravention à la prohibition mentionnée dans l'article précédent, l'associé commanditaire est obligé solidairement, avec les associés en nom collectif, pour toutes les dettes et engagements de la société (3).

(1) *Arrêté du 2 prairial an XI* (22 *mai* 1803), *contenant règlement sur les armements en course.*

Art. 1er. Les sociétés pour la course, s'il n'y a pas de conventions contraires, seront réputées en commandite, soit que les intéressés se soient associés par des quotités fixes ou par actions.

(2, 3) *Voyez* (p. 112) l'avis du conseil d'État du 29 avril 1809.

29. La *société anonyme* n'existe point sous un nom social : elle n'est désignée par le nom d'aucun des associés.

30. Elle est qualifiée par la désignation de l'objet de son entreprise.

31. Elle est administrée par des mandataires à temps, révocables, associés ou non associés, salariés ou gratuits.

32. Les administrateurs ne sont responsables que de l'exécution du mandat qu'ils ont reçu.

Ils ne contractent, à raison de leur gestion, aucune obligation personnelle ni solidaire relativement aux engagements de la société.

33. Les associés ne sont passibles que de la perte du montant de leur intérêt dans la société.

34. Le capital de la société anonyme se divise en actions et même en coupons d'actions d'une valeur égale.

35. L'action peut être établie sous la forme d'un titre au porteur.

Dans ce cas, la cession s'opère par la tradition du titre.

36. La propriété des actions peut être établie par une inscription sur les registres de la société.

Dans ce cas, la cession s'opère par une déclaration de transfert inscrite sur les registres, et signée de celui qui fait le transport ou d'un fondé de pouvoir.

37. La société anonyme ne peut exister qu'avec l'autorisation du roi, et avec son approbation pour l'acte qui la constitue ; cette approbation doit être donnée dans la forme prescrite pour les règlemens d'administration publique (1).

38. Le capital des sociétés en commandite pourra être aussi divisé en actions, sans aucune autre dérogation aux règles établies pour ce genre de société.

39. Les sociétés en nom collectif ou en commandite doivent être constatées par des actes publics ou sous signature

(1) *Voyez* (p. 112) les avis du conseil d'État des 1er avril et 15 octobre 1809, et l'ordonnance du 14 novembre 1821.

privée, en se conformant, dans ce dernier cas, à l'article 1325 du Code civil.

40. Les sociétés anonymes ne peuvent être formées que par des actes publics.

41. Aucune preuve par témoins ne peut être admise contre et outre le contenu dans les actes de société, ni sur ce qui serait allégué avoir été dit avant l'acte, lors de l'acte ou depuis, encore qu'il s'agisse d'une somme au-dessous de 150 francs.

42. L'extrait des actes de société en nom collectif et en commandite doit être remis, dans la quinzaine de leur date, au greffe du tribunal de commerce de l'arrondissement dans lequel est établie la maison du commerce social, pour être transcrit sur le registre, et affiché pendant trois mois dans la salle des audiences.

Si la société a plusieurs maisons de commerce situées dans divers arrondissements, la remise, la transcription et l'affiche de cet extrait, seront faites au tribunal de commerce de chaque arrondissement.

Chaque année, dans la première quinzaine de janvier, les tribunaux de commerce désigneront, au chef-lieu de leur ressort, et, à leur défaut, dans la ville la plus voisine, un ou plusieurs journaux où devront être insérés, dans la quinzaine de leur date, les extraits d'actes de société en nom collectif ou en commandite, et régleront le tarif de l'impression de ces extraits (1).

Il sera justifié de cette insertion par un exemplaire du journal certifié par l'imprimeur, légalisé par le maire et enregistré dans les trois mois de sa date.

Ces formalités seront observées, à peine de nullité à l'égard

(1) Ce paragraphe et le suivant ont été insérés dans l'article 42, en exécution de la loi du 31 mars 1833, promulgée le 6 avril suivant. Ces deux paragraphes reproduisent les dispositions d'un décret du 12 février 1814. La Cour de cassation ayant décidé que ce décret était inconstitutionnel, comme rendu en dehors des pouvoirs de la régente (l'impératrice Marie-Louise), on a fait la loi du 31 mars 1833.

des intéressés; mais le défaut d'aucune d'elles ne pourra être opposé à des tiers par les associés.

43. L'extrait doit contenir :

Les noms, prénoms, qualités et demeures des associés autres que les actionnaires ou commanditaires,

La raison de commerce de la société,

La désignation de ceux des associés autorisés à gérer, administrer et signer pour la société,

Le montant des valeurs fournies ou à fournir par actions ou en commandite,

L'époque où la société doit commencer, et celle où elle doit finir.

44. L'extrait des actes de société est signé, pour les actes publics, par les notaires, et pour les actes sous seing privé, par tous les associés, si la société est en nom collectif, et par les associés solidaires ou gérants, si la société est en commandite, soit qu'elle se divise ou ne se divise pas en actions.

45. L'ordonnance du Roi qui autorise les sociétés anonymes devra être affichée avec l'acte d'association et pendant le même temps.

46. Toute continuation de société, après son terme expiré, sera constatée par une déclaration des coassociés.

Cette déclaration, et tous actes portant dissolution de société avant le terme fixé pour sa durée par l'acte qui l'établit, tout changement ou retraite d'associés, toutes nouvelles stipulations ou clauses, tout changement à la raison de société, sont soumis aux formalités prescrites par les articles 42, 43 et 44.

En cas d'omission de ces formalités, il y aura lieu à l'application des dispositions pénales de l'article 42, *dernier* alinéa (1).

47. Indépendamment des trois espèces de sociétés ci-dessus, la loi reconnaît les *associations commerciales en participation*.

(1) La loi du 31 mars 1833 a substitué les mots : *dernier* alinéa, à ceux-ci : *troisième* alinéa, qui se trouvent dans l'ancien texte du Code.

48. Ces associations sont relatives à une ou plusieurs *opérations de commerce;* elles ont lieu pour les objets, dans les formes, avec les proportions d'intérêt et aux conditions convenues entre les participants.

49. Les associations en participation peuvent être constatées par la représentation des livres, de la correspondance, ou par la preuve testimoniale, si le tribunal juge qu'elle peut être admise.

50. Les associations commerciales en participation ne sont pas sujettes aux formalités prescrites pour les autres sociétés.

SECTION II.

DES CONTESTATIONS ENTRE ASSOCIÉS, ET DE LA MANIÈRE DE LES DÉCIDER (1).

51. Toute contestation entre associés, et pour raison de la société, sera jugée par des arbitres.

52. Il y aura lieu à l'appel du jugement arbitral ou au pourvoi en cassation, si la renonciation n'a pas été stipulée. L'appel sera porté devant la cour royale.

53. La nomination des arbitres se fait :

Par un acte sous signature privée,

Par acte notarié,

Par acte extrajudiciaire,

Par un consentement donné en justice.

54. Le délai pour le jugement est fixé pour les parties, lors de la nomination des arbitres ; et, s'ils ne sont pas d'accord sur le délai, il sera réglé par les juges.

55. En cas de refus de l'un ou de plusieurs des associés de nommer des arbitres, les arbitres sont nommés d'office par le tribunal de commerce.

56. Les parties remettent leurs pièces et mémoires aux arbitres, sans aucune formalité de justice.

(1) Les art. 51 à 63 de cette section sont abrogés, loi du 17 juillet 1856, sur l'arbitrage forcé, page 114.

57. L'associé en retard de remettre les pièces et mémoires est sommé de le faire dans les dix jours.

58. Les arbitres peuvent, suivant l'exigence des cas, proroger le délai pour la production des pièces.

59. S'il n'y a renouvellement de délai, ou si le nouveau délai est expiré, les arbitres jugent sur les seules pièces et mémoires remis.

60. En cas de partage, les arbitres nomment un sur-arbitre, s'il n'est nommé par le compromis : si les arbitres sont discordants sur le choix, le surarbitre est nommé par le tribunal de commerce.

61. Le jugement arbitral est motivé.

Il est déposé au greffe du tribunal de commerce.

Il est rendu exécutoire sans aucune modification, et transcrit sur les registres, en vertu d'une ordonnance du président du tribunal, lequel est tenu de la rendre pure et simple, et dans le délai de trois jours du dépôt au greffe.

62. Les dispositions ci-dessus sont communes aux veuves, héritiers ou ayants cause des associés.

63. Si des mineurs sont intéressés dans une contestation pour raison d'une société commerciale, le tuteur ne pourra renoncer à la faculté d'appeler du jugement arbitral.

64. Toutes actions contre les associés non liquidateurs et leurs veuves, héritiers ou ayants cause, sont prescrites cinq ans après la fin ou la dissolution de la société, si l'acte de société qui en énonce la durée, ou l'acte de dissolution, a été affiché et enregistré conformément aux articles 42, 43, 44 et 46, et si, depuis cette formalité remplie, la prescription n'a été interrompue à leur égard par aucune poursuite judiciaire.

Avis du conseil d'État du 29 avril 1809, *approuvé le* 17 *mai, en interprétation des articles* 27 *et* 28 *du Code de commerce, relatifs aux associés commanditaires.*

Est d'avis que les articles 27 et 28 du Code de commerce ne sont applicables qu'aux actes que les associés commanditaires feraient en représentant comme gérants la maison commanditée même par procuration, et qu'ils ne s'appliquent pas aux transactions commerciales que la maison commanditée peut faire pour son compte avec le commanditaire, et réciproquement le commanditaire avec la maison commanditée, comme avec toute autre maison de commerce.

Avis du conseil d'État du 1er *avril* 1809, *sur les associations de la nature des tontines.*

Est d'avis, 1° qu'aucune association de la nature des tontines ne peut être établie sans une autorisation spéciale donnée par Sa Majesté, dans la forme des règlements d'administration publique ;

2° Qu'à l'égard de toutes les associations de cette nature qui existeraient sans autorisation légale, il n'y a pas un moment à perdre pour suppléer à ce qu'on aurait dû faire dans le principe ;

Qu'il est par conséquent urgent de leur donner un mode d'administration qui calme toute inquiétude de la part des actionnaires, soit par le choix des administrateurs faits pour réunir toute leur confiance, soit par la régularité et la publicité des comptes ;

Qu'en ce qui regarde les difficultés qui pourraient s'élever au sujet de la gestion et comptabilité des administrateurs jusqu'à ce jour, on ne pourrait rien faire de plus avantageux aux intéressés, que d'en soumettre le jugement à des magistrats dont les lumières garantiraient une justice entière à toutes les parties ;

Que le bienfait d'une pareille mesure ne pourrait être contesté que par ceux qui auraient intérêt à la prolongation des abus, ou par ceux qui, voulant les arrêter, auraient spéculé sur les avantages qu'ils pourraient retirer d'une administration nouvelle dont ils feraient partie.

Avis du conseil d'État du 15 octobre 1809, sur les compagnies d'assurances qui intéressent l'ordre public.

Le conseil d'État est d'avis :

1° Que la formation et l'existence des associations d'assurance mutuelle contre les ravages de la grêle et des épizooties ont un objet utile, et que ces établissements méritent la faveur et la protection du gouvernement ;

2° Que ces sociétés d'assurance mutuelle ne peuvent remplir le but de leur institution qu'autant que les statuts de leur organisation ont pourvu, par des règles prévoyantes, à déterminer d'une manière positive et précise, la variété et la mesure des engagements réciproques des associés, et toutes les formes de l'exécution de ces engagements ;

3° Que ces engagements et leur exécution pouvant, par leur mesure comme par leur mode, *intéresser l'ordre public*, les statuts qui les expriment doivent préalablement être soumis à l'approbation du gouvernement, et qu'ainsi aucune société d'assurances, tant contre les ravages de la grêle et les épizooties, que contre le danger des incendies, ne peut se former que ses règlements n'aient été soumis au ministre de l'intérieur, et, sur son rapport, approuvés par Sa Majesté en conseil d'État ;

4° Que, dans la formation des statuts, les rédacteurs doivent principalement s'attacher à bien déterminer la manière dont on doit procéder à la vérification de la valeur des propriétés assurées, et à celle des dommages, pour éviter dans cette partie importante de l'exécution du règlement, toute occasion d'injustice et de fraude, et pour prévenir tout objet de contestation et de discorde entre les parties intéressées.

Ordonnance du 14 novembre 1821, contenant des dispositions relatives aux entreprises ayant pour objet le remplacement des jeunes gens appelés à l'armée en vertu de la loi du 10-12 mars 1818.

Art. 1er. Aucune entreprise ayant pour objet le remplacement des jeunes gens appelés à l'armée en vertu de la loi du 10 mars 1818, ne pourra exister qu'avec notre autorisation.

2. Les autorisations seront accordées par nous sur le rapport de notre ministre secrétaire d'État de l'intérieur.

Notre ministre secrétaire d'État de la guerre donnera préalablement son avis.

3. Les préfets prendront toutes les mesures administratives et de police autorisées par les lois, à l'effet de prémunir nos sujets contre les actes irréguliers ou les entreprises illicites.

Ils défèreront à nos procureurs généraux et procureurs près les tribunaux ceux desdits actes qui auraient les caractères d'un délit ou d'une contravention prévus par la loi.

Loi du 17-23 juillet 1856, relative à l'arbitrage forcé.

Art. 1er. Les articles 51 à 63 du Code de commerce sont abrogés.

2. L'article 631 du même code est modifié ainsi qu'il suit :

631. Les tribunaux de commerce connaîtront : 1° des contestations relatives aux engagements et transactions entre négociants, marchands et banquiers ; 2° des contestations entre associés, pour raison d'une société de commerce ; 3° de celles relatives aux actes de commerce entre toutes les personnes.

Disposition transitoire.

3. Les procédures commencées avant la promulgation de la présente loi continueront à être instruites et jugées suivant la loi ancienne.

TABLE DES MATIÈRES.

Paris. — Imprimé par E. Thunot et Ce, 26, rue Racine.

www.ingramcontent.com/pod-product-compliance
Ingram Content Group UK Ltd.
Pitfield, Milton Keynes, MK11 3LW, UK
UKHW022115190726
13855UKWH00003B/878